RESEARCH ON SYSTEM
FACTOR ANALYSIS AND SYSTEM CONSTRUCTION OF
INTERNATIONAL SERVICE OUTSOURCING

国际服务外包的
制度因素分析与制度构建研究

孔祥荣/著

人民出版社

序

　　中国服务外包大发展始于 2006 年商务部牵头推出的"千百十工程"。而这一年正是孔祥荣进入山东大学跟随我攻读国际贸易学专业博士学位的第一年。在四年及以后的学习、工作生涯中，她始终高度关注服务外包的快速发展。技术进步和制度变迁是国际服务外包的重要影响因素。而作为山东省委党校的一名教员，她更侧重于从政府视角出发思考国际服务外包的影响因素。2006 年伊始，中国国际服务外包处于大发展的早期阶段，政府在其中扮演着重要角色，由政府推动的制度环境构建直接影响着国际服务外包发展的宏观环境。但是，当时学术界对国际服务外包发展的制度因素缺乏系统深入分析。在国际服务外包快速发展的背景下，祥荣积极探索，从制度因素的研究视角，构建了国际服务外包影响因素的分析框架。其中，包括多边贸易规则、发包国的相关制度及接包国的制度因素三个层面。该著作写作中主要考虑的是：国际服务外包是服务贸易的特殊实现方式，基于 WTO 体系框架下的多边贸易规则对国际服务外包产生了重要影响；国际服务外包在发包方及接包方间进行，发包国的制度取向与接包国的制度构建共同影响着国际服务外包的发展。

2006 年的中国还主要是接包国的角色，一方面面临印度"在位优势"的压力；另一方面，面临马来西亚、泰国、巴西、印度尼西亚、墨西哥等国家的竞争压力。发包商在选择合作伙伴时往往遵循"先选择国家，再选择合作伙伴"的基本原则，即首先关注外包地区的宏观环境要素，因此接包国的制度及其构建对国际服务外包行业的发展起到事半功倍的作用。基于此，该著作的核心是对接包国制度因素进行分析。通过引入国内制度因素，运用制度经济学的分析方法对国内制度变迁的动机、制度变迁的路径及制度选择集合、制度变迁的效应进行深入分析。该著作认为国内制度变迁的动机之一是追逐外部利润。新的制度安排相对于现有制度使部分利益集团获得的净收益较大，为追逐外部利润，产生新的制度供给。国内制度变迁的动机之二是弱化国内制度壁垒。发展国际服务外包，促进了贸易自由化的深化，但是如果国内制度壁垒较高，它对于接包国经济发展的影响将会大打折扣，为弱化国内制度壁垒，政府将推动国内制度发生变迁。制度变迁会产生路径依赖，尽管存在更优的策略选择，仍可能锁定在低效率的状态；要摆脱这种低效率的均衡状态，一是政府的政策性介入，政府是集体行动的代理人，集体行动经常要依靠自上而下的命令和合法强制。二是依靠壮大国内相关利益集团，通过利益集团的博弈实现博弈均衡状态的改变。三是外国利益集团的影响也可以诱使高效率的策略选择成为支配策略向量。该著作据此构建理论模型，分析集体行动对制度选择的影响。首先，运用模型分析贸易自由化促进国内制度变迁的一般机制。其次，进一步分析利益集团的博弈及制度变迁路径选择的动力机制。国内制度变迁选择集合，主要包含四个方面：服务外包的产业特征与发展现代服务业的制度选择；服务外包发生的前提与知识产权保护制度优化；服务外包的核心要素与人力资源供给的制度选择；服务外包发展的市场因素与制度选择。国内制度变迁的效应：区位优势提升效应。从制度功能的视角来看，制度安排主要通过发挥导向功能、降低交易成本、降低行为风险等提升承接国际服务外包的区位优势；资源配置效应。包括国际间的资源配置和国内资源配置。有效的制度安排可以大大降低某个地区的交易成本，吸引更多的生产要素流入该地区。另外，制度激励可以规定人们的偏好，影响人们的选择，使资源的流向与配置不同，从而决定不同的发展路径。

在理论探讨的基础上，该著作重点对第一大接包国——印度制度构建的经验进行了总结。印度国际服务外包发展并不是印度政府服务外包政策扶持的直接结果，而关键在于国内制度变迁提供了良好的宏观环境；印度国际服务外包发展的宏观环境主要是发展理念的变革促进了印度的电子革命；产业政策、贸易政策的变革促进了印度现代服务业的发展；知识产权保护制度的优化为印度国际服务外包发展提供了良好的法制环境；高等教育制度与激励制度的构建为印度国际服务外包发展提供了适用性的人力资本。

中国作为第二大接包国，我们还存在哪些制度约束，如何进行制度构建，这是该著作研究的落脚点。

一是对中国发展现代服务业的制度约束进行分析并提出相应建议。该著作认为中国发展现代服务业的一个最大约束是理论层面、观念层面以及固有的思维习惯等非正式制度。受优先发展工业的理论束缚，习惯于传统的发展路径；受制造业产品可贸易性强的理论影响，开拓国际市场主要着眼于制造业领域；受固有思维习惯的影响，缺乏外包运作的发展理念。而制度构建的着力点包括：突破服务业生产率上升缓慢的理论束缚，大力发展现代服务业；突破服务业可贸易性差的理论束缚，积极开拓国际市场；突破传统的思维方式，树立外包运作的发展理念。

二是对中国知识产权立法和执法保护强度进行测算，并对中国知识产权保护制度与国际服务外包发展进行深入分析。该著作认为如果从立法的视角来看，尽管中国的相关法律和《与贸易有关的知识产权协定》还有一些差距，但是中国知识产权法律体系已相对完备，知识产权保护已上升为国家战略，中国知识产权立法保护方面是相当成功的。但是由于执法强度不强，使我国知识产权保护强度并没有达到相应的高度。所以，从立法层面来看，中国承接服务外包的法制环境相对较好，但是从执法层面来看，还需要不断加强。

三是对中国发展国际服务外包人力资源优势发挥的制度约束进行分析，提出通过制度变迁，如教育、培训、激励制度的相应变革，减少劳动力市场摩擦，有效地实现教育与产业的密切联动，培养服务外包适用性人才，实现资源的有效转化衔接。并加大力度吸引海外高层次人才进入服务外包领域。发挥他们的语言和专业优势，促进服务外包业由低端向高端迈进。

四是进行制度创新释放内需市场的需求。印度发展国际服务外包起步较早，具有较强的在位优势，相对于印度，中国最大的优势就是拥有广阔的内需市场。国际市场不确定因素很多，2008年金融危机，印度受到较大影响。所以，中国发展服务外包产业的定位应是有效开拓国际国内两个市场。开拓国际市场，一个重要的意义就是通过跨国公司的示范效应，提升中国服务提供商的能力，促进国内服务外包的发展。另一方面，内需市场需求的释放，将会吸引越来越多的跨国服务外包公司到中国落户，从而促进国际服务外包发展，两者是相互促进的。

时光荏苒，转眼间，离祥荣2010年博士毕业已7年。这7年间，中国服务外包产业发展迅速，中国的制度优势凸显，市场格局也发生了质的变化。服务外包产业进入了一个新的发展阶段。

一是，中国服务外包进入了量与质并举转变的新阶段。目前，服务外包业正在进入业务创新和价值创造阶段。2016年，中国信息技术外包、业务流程外包和知识流程外包合同执行金额分别为 563.5 亿美元、173 亿美元和 335.6 亿美元。高端的知识流程外包同比增速达 31.65%，超过同期信息技术外包和业务流程外包。产业向价值链高端升级特征明显。随着大数据、物联网、云计算、移动互联等新技术和新业态的不断涌现，服务外包产业的内涵和外延不断拓展。跨行业的服务外包行业发展非常迅速。

二是，中国知识产权执法保护进入了一个新阶段。为保障国家知识产权战略深入实施，国务院于 2017 年出台了关于《新形势下加强打击侵犯知识产权和制售假冒伪劣商品工作的意见》。这一文件的出台，着力于提升知识产权执法保护强度：打建结合，通过创新监管方式和手段，坚决遏制侵权假冒高发多发势头；统筹协作，密切部门间、区域间协作配合，由区域内、单个环节监管向跨区域、跨部门和全链条监管转变；社会共治，形成政府、企业、社会组织和公众共同参与的工作局面。

三是，中国人力资源优势凸显。目前，服务外包产业向价值链高端升级特征更加明显，而升级的最大依托是高水平的人才。服务外包公司通过工资待遇、发展机会、股权激励等措施把吸引人才、激励人才、留住人才作为企业管理的新目标。

四是，市场格局发生质的变化。随着"一带一路"国家战略的实施和我国传统产业尤其是制造业的转型升级，"一带一路"相关国家服务外包业务加速释放。随着信息服务、智慧城市和新型城镇化等建设的加快，也将进一步释放国内服务外包市场的需求，在岸市场规模快速增长。我们的重心不仅是承接服务外包，还是主要的发包国家。中国在知识产权保护方面也在大力提升国际交流合作的水平。第一，强化中美、中欧、中日等知识产权工作对话机制。第二，加快实施自由贸易区战略，协调推进经贸领域知识产权合作，为企业"走出去"营造更加公平的知识产权保护环境。第三，加强与"一带一路"沿线国家和地区的知识产权保护交流合作，优化贸易和投资环境。随着知识产权保护国际化水平的提升，将大大改善中国服务外包产业发展的宏观环境，有助于加快形成发达国家、新兴国家和国内市场"三位一体"的服务外包产业新格局。

新一届中央政府高度重视服务外包产业的快速发展。2014年11月26日，李克强总理主持召开国务院第71次常务会，专题研究促进服务外包产业加快发展的意见稿。会上，李克强总理强调，服务外包产业是我们国家经济结构调整，特别是对外经济结构调整的一个重要内容，也是我国产业升级的一个重要支撑点。并且强调要求有关部门思想要再解放一点，步子再快一点，要有新拓展、新举措。2015年1月，国务院印发《关于促进服务外包产业加快发展的意见》，提出到2020年，服务外包产业国际国内市场协调发展，规模显著扩大，结构显著优化，企业国际竞争力显著提高，成为我国参与全球产业分工、提升产业价值链的重要途径。

服务外包是中国新一轮扩大开放的着力点。中国三批11个自由贸易试验区都把服务外包作为重要发展领域。中国新一轮对外开放的重心在制度变革。中国自贸试验区是为下一轮扩大开放形成可创造、可复制、可推广的体制机制的试验田。为推动高端服务外包业发展，更重要的是加大制度创新力度，营造推动服务外包业快速发展的制度环境。

在上述背景下，祥荣对博士论文进行修改并予以出版，深入研究国际服务外包的制度因素及制度构建，希望能对促进中国国际服务外包有所裨益，也希望能对学术界进行国际服务外包制度创新研究有所作用。在著作即将出版之际，诚挚地对勤奋且有研究韧性的祥荣表示祝贺，并祝愿祥荣在今后的教学、科研工作中取得更好成绩。

是为序！

范爱军

2017 年 10 月 1 日于济南

目　　录

导　　论

第一节　相关概念界定及问题的提出

一、相关概念界定

1. 制度的内涵

制度（Institution）是一个含义广泛的概念。从原始部落的社会组织方式和风俗习惯，到现代社会的法律与政府制定的管制规则，都可以称之为"制度"。现代经济学认为，制度是一种社会博弈规则，是人们所创造的用以限制人们相互交往的行为框架。制度学派大师康芒斯认为：制度就是集体行动控制个体行动。现代制度经济学大师诺斯认为制度提供了人类相互影响的框架，它们建立了构成一个社会，或更确切地说一种经济秩序的合作与竞争关系，制度是一个社会的游戏规则，更规范地说，它们是为决定人们的相互关系而人为设定的一些制约。舒尔茨认为制度是一种行为规则，这些规则涉及社会、政治及经济行为。

制度经济学认为制度可以分为非正式制度与正式制度两大

类。非正式制度是指人们在长期的社会生活中逐步形成的习惯习俗、伦理道德、文化传统、价值观念及意识形态等对人们行为产生非正式约束的规则。正式制度是人们有意识地建立起来并以正式方式确定的各种制度安排，包括政治规则、经济规则和契约，以及一系列的规则构成的一种等级结构从宪法到成文法和不成文法，到特殊的细则最后到个别契约等。①

制度及制度演化主要包含三个层次：微观层次（个人和企业）、中观层次（利益集团）、宏观层次（国家）。微观层次（个人和企业）研究个体与制度的关系；中观层次（利益集团）研究集体行动与制度及制度演化的关系；宏观层次研究国家与制度及制度演化的关系。利益集团在制度的形成，尤其在各种正式制度中发挥着极其重要的作用，如何在制度变迁中协调不同利益集团的利益关系是国家的一个重要职能。②

威廉姆森（Williamson，2000）在其制度研究框架中划分了制度分析的四个相互关联的层次：第一层次是指嵌入制度或者社会和文化的基础。这是制度层级的最高层次，包括非正式制度、习俗、传统等方面，这个层级的制度是社会制度的基础。第二层次是指基本的制度环境。包括：（1）宪法、政治体制等；（2）产权及其分配；（3）法律制度；（4）规定移民、贸易和外国投资规则的制度；（5）推动基本制度环境变迁的政治、法律和经

---

① 卢现祥主编：《新制度经济学》，武汉大学出版社 2004 年版，第 118、115 页。
② 卢现祥、朱巧玲主编：《新制度经济学》，北京大学出版社 2007 年版，第 352 页。

济机制。第三层次是指治理机制。给定基本的制度环境，人们将参照制度的安排作出选择，通过这种安排，给定基本的制度环境的属性后经济关系将得到治理。包括：（1）其基本结构的性质得到详细说明的，个人交易商品、服务和劳动的制度；（2）制约和影响合约及交易关系的结构、商业企业的垂直和水平的结构及内部调节的交易和市场调节的交易之间的边界的制度；（3）公司治理以及支持私人投资和信用的金融制度等。第四层次是指短期资源分配制度。在上述三个层次制度给定的情况下，这一层次的制度指的是经济的日常运行。新制度经济学更多的是展开对制度层级中第二层次和第三层次中的制度安排各方面的分析。①

本书认为制度是一种行为规则，对国际服务外包发展的制度因素分析既包含正式制度层面，也包含非正式制度层面。制度分析的层次主要着眼于中观层次（利益集团）及宏观层次（国家）两个层面。依据威廉姆森关于制度分析的层次划分，本书主要涉及第二层次的基本制度环境和第三层次的治理机制。

2. 外包

关于外包的定义国内外学者众说纷纭。如英国的查尔斯·盖伊和詹姆斯·艾辛格在《企业外包模式》一书中，将外包定义为：依据服务协议，将某项服务的持续管理责任转嫁给第三者执行。美国外包问题专家 Michael Corbett 认为：外包指大企业或其

---

① 卢现祥、朱巧玲主编：《新制度经济学》，北京大学出版社 2007 年版，第 406—407 页。

他机构过去自我从事（或预期自我从事的）工作转移给外部供
应商。朱晓明（2006）认为：外包就是指通过购买第三方提供
的服务或产品来完成原来由企业内部完成的工作。① 谭力文、刘
林青等（2008）在对国内外外包的定义进行横向分析与纵向分
析的基础上，认为：外包是依据双方议定的标准、成本和条件的
合约将原先由内部人员提供的服务转移给外部组织承担，以实现
其组织自身持续性发展的一种利益互动、分工协作的战略管理方
法。② 从众多的定义当中，我们可以看出，外包是指生产活动从
内到外转移，那么，是否企业活动所有"从内到外转移"都属
于外包？带着这一质疑，卢锋从产品内分工视角深入解读外包定
义，他认为并非发生在企业层面的所有"从内到外"的转移活
动都属于外包。例如，IBM 把 PC 业务出售给联想，对 IBM 来说
PC 业务确实发生"从内到外转移"，然而这类转移无论从管理
学常识还是战略决策分析角度看，显然都不属于外包范畴，而是
整个业务的转手出售。但是，如果 IBM 把 PC 产出过程包含键盘
等部件生产或组装环节转移给联想，那就应当属于外包而不是整
体转移。即：外包是"投入环节活动"外部转移，而不是"产
出活动整体"外部转移。因而，外包概念本质上涉及某个"产
品内部"诸环节和区段分工的特定形态，而不是"产品之间"

---

① 朱晓明等：《服务外包——把握现代服务业发展新机遇》，上海交通大学出版社
2006 年版，第 2 页。
② 谭力文、刘林青等：《跨国公司制造和服务外包发展趋势与中国相关政策研究》，
人民出版社 2008 年版，第 25 页。

分工方式改变。在此基础上卢锋认为外包是指企业某种产品生产过程的内部特定工序或流程转移到外部完成，从而使企业内部工序流程协调转变为与外部企业之间的市场交易。如果外包转移和交易对象属于制造加工零部件、中间产品工序活动，或以中间品、半成品、最终产品的某种组装或总装为对象的活动，则属于制造外包；如果外包转移对象是特定服务活动或流程则属于服务外包。[①] 本书主要沿着卢锋的这一视角对服务外包的内涵及分类进行进一步的分析。

3. 服务外包

从上述我们可以看出，外包分为制造外包和服务外包。本书研究的着眼点主要是服务外包。下面我们再进一步对服务外包的内涵进行界定。依据中国商务部的定义，服务外包是指服务外包发包商向客户提供的信息技术外包（ITO）和业务流程外包（BPO）。朱晓明（2006）认为服务外包就是指通过服务外包提供商向服务外包发包商提供包括 IT 系统架构、应用管理以及业务流程优化在内的产品支持与服务，达到后者的业务目标。所以，服务外包主要分为信息技术外包与业务流程外包。依据管理学权威工具书《商务大辞典》，服务外包指"通常依据双方议定的标准、成本和条件的合约，把原先由内部人员提供的服务转移给外部组织承担"。在此基础上，卢锋（2007）认为如果外包转

---

① 卢锋：《服务外包的经济学分析：产品内分工视角》，北京大学出版社 2007 年版，第 6、15 页。

移对象是特定服务品生产过程的特定投入环节，或者是制造品或其他非服务品生产过程的服务流程，通过正式或非正式"服务水平合约"转移给外部厂商去完成，属于服务外包。进而依据行业对象差异把服务外包分为两类。一类是服务产品生产的服务工序流程外包。另一类是货物商品（如农产品或制造品）生产过程中，某些支持性的服务流程采取外包方式提供。服务外包按照内容分类主要有 3 种，即信息技术外包（ITO）、业务流程外包（BPO）和知识流程外包（KPO）。按业务细分则包括研发外包、软件外包、设计外包、金融服务外包、财务管理外包、公共服务外包等。

根据上述研究，对服务外包的分类梳理如下：

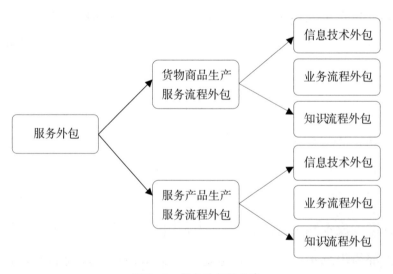

图 0—1 服务外包的分类

4. 国际服务外包

另外，根据服务提供商的地理分布状况，服务外包又分为在岸外包和离岸外包，或国内外包和国际外包两种类型。根据商务部的定义，国际（离岸）服务外包是指服务外包发包商向境外客户提供服务外包业务。但是，对国际服务外包的定义也存在一定的歧义。主要是学术界和相关国际组织对服务贸易有不同的定义方法。① 关于服务贸易的定义主要有两种方法，一种是基于联合国和 IMF 等国际组织编写的国际收支账户体系对服务贸易进行的定义。另一种是基于 WTO 服务贸易总协议等对服务贸易进行的定义。这两种定义的一个最重要的区别在于对外商投资企业与东道国居民之间进行交易的界定问题。根据 IMF 编写的国际收支账户体系，居民与居民之间进行的交易，属于国内交易，居民与非居民之间进行的贸易，属于国际贸易。据此，外商在东道国长期运营的外资企业与东道国居民进行的交易属于居民与居民之间的交易活动，属于国内贸易。本书根据 WTO 的相关定义，把外商投资企业在东道国设立国外分支机构向东道国居民提供的服务，归为国际服务外包的一种模式。

二、研究背景

1. 国际服务外包快速发展

20 世纪 90 年代以来，服务业国际生产能力转移开始以服务

---

① 关于国际服务外包的定义主要根据卢锋关于服务贸易与国际服务外包概念释义，提出本书的界定范围。

业外包的形式迅速向全球扩散，被称为第二次经济全球化。服务业的国际转移最初以低附加值的服务生产活动为主，跨国公司将核心技术和高端技术研发留在母国，而将非核心的服务环节，如后勤、财务、经营管理、售后服务等，外化为一个投资项目或专业服务公司后再外包出去。近年来高附加值的服务活动外包日益增加，如建筑设计、金融分析、软件编程、研发等，但离岸外移的大部分业务由发达国家掌控，并且主要是软件开发和 IT 产业相关的服务活动。服务外包已成为当今全球新一轮产业转移的重要趋势。全球服务外包正经历从爱尔兰等中等发达国家向印度、菲律宾和中国等发展中国家转移，但还远未进入成熟的发展阶段。2016 年，在全球投资贸易低迷的情况下，我国服务外包继续快速发展，离岸服务外包合同额 6608 亿元，执行额 4885 亿元，同比分别增长 16.6% 和 16.4%。离岸服务外包日益成为我国促进服务出口的重要力量，对优化外贸结构、推动产业向价值链高端延伸发挥了重要作用。我国离岸服务外包规模约占全球市场的 33%，稳居世界第二，离岸外包执行额占我国服务出口总额的 1/4。

2. 亚洲成为跨国公司的首选目的地

随着国际服务外包的快速发展，基于国际服务外包对东道国的就业和收入创造效应、扩大服务出口优化出口结构效应、产业结构提升效应、技术进步和知识外溢效应、促进可持续发展效应，[①]

---

① 宋丽丽：《跨国公司服务外包研究：东道国和承接方视角》，复旦大学 2008 年博士学位论文。

承接国际服务外包的国际竞争激烈，其中许多发展中国家凭借成本方面的比较优势、人员和技能可得性的提升以及商务环境的改善，拥有较强的国际竞争力。2014年知名咨询公司科尔尼研究报告指出，其全球离岸服务目的地指数（GSLI）研究表明，亚洲已经成为跨国公司的首选目的地，其中印度、中国和马来西亚位列指数排行榜前三名。但因面临数字化和自动化水平不断提高的挑战，亚洲地区的成本竞争优势将有所减弱。中国正向服务导向型经济过渡，前沿的大数据分析和IT服务行业持续获得更多政府支持；和印度及其他亚洲国家相比，中国工资水平的上涨限制了在低端职能领域的成本竞争优势。对于马来西亚，虽然劳动力储备较小，但马来亚凭借稳定性、多语言环境和合理的成本基础获得明显竞争优势。

3. 服务外包是我国产业升级的重要支撑点

中国国际服务外包的迅猛发展始于2006年中国商务部牵头组织实施的"千百十工程"，自此，中国国际服务外包开始进入发展的快车道。国家领导人对国际服务外包发展也给予高度重视，2014年11月26日，李克强总理在国务院常务会议上说，服务外包产业是我国经济结构调整、特别是对外经济结构调整的一个重要内容，也是我国产业升级的一个重要支撑点。服务外包要从"出力"向"出智慧"升级。他说，参与服务外包的许多都是中小、甚至小微企业，吸引了大量的大学生创业就业，加快推进服务外包产业，会直接带动"大众创业""万众创新"的格局形成。

大力发展国际服务外包是中国改变"世界加工厂"的低端国际分工地位，紧紧抓住新一轮产业转移的重要机遇，争做"世界办公室"，在更高层次上参与国际分工的战略举措；以ITO、BPO 等软件和信息技术服务为主的服务外包具有科技含量高、附加值大、资源消耗低、环境污染少等特点，在中国面临越来越大的资源和环境压力下，大力发展国际服务外包是全面落实科学发展观，转变经济发展方式，建设环境友好型和资源节约型社会的重要举措；服务外包作为现代高端服务业的重要组成部分，大力发展服务外包是中国发展现代服务业，促进产业结构优化的重要举措；服务外包工作主要靠人脑+电脑，具有吸纳就业特别是大学生就业能力强的特点。在目前大学生就业形势非常严峻的形势下，大力发展服务外包是进一步拓展就业特别是大学生就业的有效途径。

4. 多元市场促进产业新格局

美欧日等发达国家和地区是中国服务外包传统的主要国际市场，随着"一带一路"国家战略的实施和我国传统产业尤其是制造业的转型升级，"一带一路"相关国家服务外包业务加速释放，在岸市场规模快速增长，中国服务外包产业有望形成发达国家、新兴国家和国内市场"三位一体"的产业新格局。

5. 服务外包从成本驱动向价值导向转移

随着服务专业性的提升，服务外包的诉求逐渐多元化，开拓市场、提高效率、缓解资本压力、提升技术水平、降低运营风险、探索转型发展等成为企业发包的重要考量因素，服务外包的价值逐渐提升。未来，服务外包领域的长期、深度的战略合作模式有望增加。

三、问题的提出

在服务外包快速发展的实践背景下，许多学者对国际服务外包发展的影响因素予以特别关注。其中北京大学经济研究中心卢锋教授认为信息革命等技术进步、开放取向的制度变迁、竞争加剧的市场环境等是当代服务外包兴起的经济根源。其中，卢锋教授认为技术进步和制度演变大幅度降低了外包的边际成本线，软件等通过外包生产能带来更大潜在利益的新兴行业发展，拉高边际收益线，构成当代服务外包异军兴起的根本原因。见图 0—2①

技术进步和制度变迁是国际服务外包发展不可或缺的重要影响因素，本书的着重点倾向于制度因素分析，并且从多边贸易规则、发包国的相关制度及接包国的制度因素三个层面予以展开，其中主要基于以下几点考虑：

---

① 卢锋：《服务外包的经济学分析：产品内分工视角》，北京大学出版社 2007 年版，第 125 页。

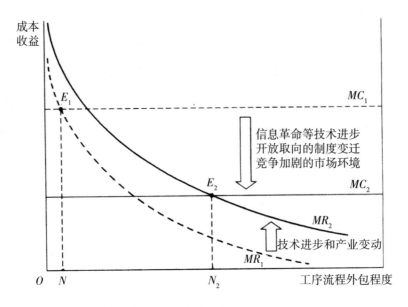

图 0—2　当代服务外包发展的经济学解释

1. 目前关于政策及制度因素对国际服务外包的影响缺乏系统、全面的分析。国际服务外包是服务贸易的特殊实现方式，基于 WTO 体系框架下的多边贸易规则对国际服务外包将产生重要影响。另外，国际服务外包在发包方及接包方双方进行，发包国的制度取向及接包国的制度构建共同影响国际服务外包的发展，为全面系统反映制度因素对国际服务外包的影响，本书在研究中主要从上述三个层面予以展开。

2. 在国际服务外包快速发展的大背景下，中国融入了新一轮国际产业转移的大趋势，有助于解决中国经济发展进程中的一些深层次矛盾。但是中国国际服务外包发展起步较晚，一方面，面临印度发展国际服务外包"在位优势"的压力；另一方面，面临马来西亚、泰国、巴西、印度尼西亚、智利、菲律宾、保加利亚、墨西哥等国家激烈的竞争压力。在这前后夹击的国际环境中，中国如何提升自身的国际竞争力，在激烈的竞争中脱颖而出，制度因素是其中的关键因素。一是中国国际服务外包处于发展的早期阶段，政府扮演着重要角色，政府直接推动的制度环境构建将直接影响国际服务外包发展的宏观环境。目前，国际服务外包发包商在选择合作伙伴时往往遵循"先选择国家，再选择合作伙伴"的基本原则，即首先关注外包地区的宏观环境要素，其次是合作伙伴的成本、能力要素。一个国家和地区的宏观环境对承接国际服务外包具有重要影响。二是目前国际上已经展开以国家为单位，政府支持为核心的新一轮竞争，政府的有力支持将对国际服务外包行业发展起到事半功倍的作用，而政府支持关键是基于制度层面。但是目前对中国国际服务外包发展的制度因素缺乏深入分析，本书主要在目前研究的基础上，在国际服务外包快速发展的背景下，对接包国制度因素与国际服务外包发展进行理论分析，并进一步对印度制度构建与国际服务外包发展的经验进行分析，最后提出中国发展国际服务外包制度构建的对策建议。

第二节 本书研究框架与主要内容

一、本书研究框架

导论
介绍现实背景，提出研究问题

⇩

第一章 文献综述
综述相关文献，提出研究视角

⇩

第二章 多边贸易规则与国际服务外包
基于WTO多边贸易体制视野分析国际服务外包发展的制度基础

⇩

第三章 主要发包国家的相关制度与国际服务外包
分析主要发包国家的制度取向对国际服务外包的影响

⇩

第四章 接包国制度因素与国际服务外包发展的理论分析
运用制度经济学分析方法分析制度变迁的动机、路径及效应

第五章 制度构建与国际服务外包发展的经验分析
——印度例证

第六章 中国发展国际服务外包的制度约束与构建
这是本研究的落脚点

图 0—3 研究框架

二、主要内容

基本思路：主要从多边贸易规则与国际服务外包发展、发包国的相关制度与国际服务外包发展、接包国的制度因素与国际服务外包发展三个层面对国际服务外包发展的制度因素进行分析，共包含六章内容，其中每一章的主要内容如下：

导论部分。本部分主要包括相关概念的界定、研究背景及问题的提出、本书研究框架及主要内容、本书的研究方法、本书的创新之处。

第一章是文献综述部分。本章主要对国际服务外包发展理论、制度变迁理论及国际服务外包发展的制度因素的相关文献进行综述。通过对国际服务外包发展及制度变迁的理论综述为本书研究奠定理论基础。通过对国际服务外包发展制度因素的相关文献进行综述，本书发现目前对国际服务外包发展的制度因素缺乏全面、系统、深入的分析，从而提出本书的研究视角。

第二章是多边贸易规则与国际服务外包发展。本章主要是从多边贸易规则的视角对国际服务外包发展的制度因素进行分析。GATT乌拉圭回合谈判的两项重要成果——《服务贸易总协定》和《与贸易有关的知识产权协定》确立了WTO对服务贸易和知识产权保护的多边规则，这两项重要成果有助于推动国际服务外包发展。《服务贸易总协定》把最惠国待遇和国民待遇原则运用到服务贸易领域，并由各缔约方在市场准入方面提出各自的减让表。《服务贸易总协定》的自由化导向有助于降低国际服务外包壁垒，推动国际服务外包发展；国际服务外包发包方对接包方知识产权保护的有效性极为敏感，《与贸易有关的知识产权协定》推动的知识产权保护国际化进程，有助于提升接包方的知识产权保护水平，进而维护发包方的利益，推进国际服务外包进程。接包方知识产权保护水平的提升对国际服务外包发包方主要有以下几方面的影响：一是有助于发包方降低交易成本，二是有助于发包方控制外包风险，三是有助于发包方巩固竞争优势；加强知识产权保护有利于提升接包方的区位优势，同时接包方也有提升知识产权保护水平增强自主创新的内在动力。

第三章是主要发包国的相关制度与国际服务外包发展。主要从发包国的视角对国际服务外包发展的制度因素进行分析。目前，国际服务外包主要发包国为美国、日本、欧洲三大经济体。从美国来看，进行服务外包的动因除了获取劳动力的成本优势之外，一个重要原因是弥补国内劳动力供给不足。美国国际服务外包迅速发展的另一个重要原因是美国政府对国际服务外包持支持态度。但是，美国的服务外包政策也存在波动，在一定程度上对国际服务外包发展带来不利影响；日本长期雇佣制度日益显现的弊端使日本企业倾向于服务外包。与美欧进行国际服务外包相比，长期雇佣制度的深层影响却使日本企业的国际服务外包具有很强的不彻底性。日本政府对服务外包基本持鼓励态度，促进了服务外包的发展。但是，受长期雇佣制等传统观念的影响，服务外包在日本发展较慢；欧洲国家的法规约束限制了国际服务外包的发展。英国国际服务外包的快速发展主要在于英国的服务外包政策比较宽松。由于对服务外包经济效应的重新认识，德国政府正在进行法规政策的变革，将有助于推动国际服务外包发展。

第四章侧重对接包国的制度因素与国际服务外包发展进行理论分析。这是本书的重点，在服务外包快速发展的国际背景下，许多发展中国家积极承接国际服务外包，并出台了一系列扶持服务外包产业发展的政策，但是国际服务外包促进接包国经济发展的效应是不确定的，必须伴随国内相关制度的改革和完善。为此，本章引入国内制度因素，并运用制度经济学的分析方法对国内制度变迁的动机、制度变迁的路径及制度选择集合、制度变迁的效应进行分析。国内制度变迁的动机之一是追逐制度变迁的外部利润。新的制度安排相对于现有制度使部分利益集团获得的净收益较大，为追逐外部利润，产生新的制度供给。国内制度变迁的动机之二是弱化国内制度壁垒。发展国际服务外包，促进了贸易自由化的深化，但是如果国内制度壁垒较高，其对接包国经济发展的影响将会大打折扣，为弱化国内制度壁垒，将促使国内制度发生变迁；制度变迁会产生路径依赖，尽管存在更优的策略选择，仍可能锁定在低效率的状态。要摆脱这种低效率的均衡状态，一是政府的政策性介入，政府是集体行动的代理人，集体行动经常要依靠自上而下的命令和合法强制。二是依靠壮大国内相关利益集团，通过利益集团的博弈实现博弈均衡状态的改变。三是通过与其他具有不同习惯社会的交流，外国利益集团的影响也可以诱使高效率的策略选择成为支配策略向量。本书据此构建理论模型分析集体行动对制度选择的影响。首先运用模型分析贸易自由化促进国内制度变迁的一般机制。其次，进一步分析利益集团的博弈及制度变迁路径选择的动力机制；国内制度变迁选择集合包含许多相关制度，本书主要从四个方面进行分析。一是服务外包的产业特征与发展现代服务业的制度选择。二是服务外包发生的前提与知识产权保护制度优化。三是承接服务外包的核心要素与人力资源供给的制度选择。四是服务外包发展的市场因素与制度选择；国内制度变迁的效应：一是区位优势提升效应。从制度功能的视角来看，制度安排主要通过发挥导向功能、降低交易成本、降低行为风险等提升承接国际服务外包的区位优势。二是资源配置效应。包括国际间的资源配置和国内的资源配置。有效的制度安排可以大大降低某个地区的交易成本，吸引更多的生产要素流入该地区。另外，制度的激励可以规定人们的偏好，影响人们的选择，使资源的流向与配置不同，从而决定不同的发展路径。

第五章是制度构建与国际服务外包发展的经验分析，以印度为例。印度制度构建与国际服务外包发展的经验为中国目前大力发展国际服务外包的实践提供了有益的启示。一是印度国际服务外包发展并不是印度政府服务外包政策扶持的直接结果，而关键在于国内制度变迁提供了良好的宏观环境。二是印度国际服务外包发展的宏观环境主要是发展理念的变革促进了印度的电子革命；产业政策、贸易政策变革促进了印度现代服务业的发展；知识产权保护制度的优化为印度国际服务外包发展提供了良好的法制环境；高等教育制度与激励制度构建为印度国际服务外包发展提供了适用性的人力资本。

第六章是中国发展国际服务外包的制度约束与构建。本章主要分析了中国发展国际服务外包的制度约束，并提出了制度构建的建议。一是对中国发展现代服务业的制度约束进行分析并提出相应建议，主要基于理论和观念等非正式制度层面。二是对中国知识产权保护强度进行测算，并从立法与执法层面对中国知识产权保护制度与国际服务外包发展进行分析。三是对中国发展国际服务外包人力资源优势发挥的制度约束进行分析，并从教育制度和激励制度两个方面提出相应建议。四是从中国内需市场需求释放的制度创新层面提出对策建议。五是自由贸易试验区制度创新及复制、推广将加速中国服务外包业发展。

三、研究方法

坚持理论联系实际，应用定性分析和定量分析相结合及构建数理模型、博弈论等方法，分析国际服务外包发展的制度因素。1. 从定性分析的视角提出多边贸易规则、发包国家的制度取向、接包国家的制度变迁多方制度的共同作用促进了国际服务外包的迅速兴起。2. 运用博弈论方法分析国内制度变迁的路径依赖及路径选择。3. 基于利益集团的视角构建数理模型分析贸易自由化促进国内制度变迁的一般机制，并进一步分析利益集团的博弈及制度变迁路径选择的动力机制。4. 定量测算中国知识产权保护强度，并在此基础上对知识产权保护制度与国际服务外包发展进行分析。

四、创新之处

1. 从制度因素视角构建了分析国际服务外包发展影响因素的全新框架。本书认为，制度因素是影响国际服务外包发展的关键因素，但是某一国家单方面的制度因素并不能促进国际服务外包的深入发展，WTO 框架下的多边贸易规则、发包国家的制度取向、接包国家的制度变迁多方制度的共同作用促进了国际服务外包的快速发展。

2. 引入国内制度因素，并运用制度经济学的分析方法对发展国际服务外包进行国内制度变迁的动机、制度变迁的路径及制度选择集合、制度变迁的效应进行分析。本书认为国际服务外包促进接包国经济发展的效应是不确定的，必须伴随国内相关制度的改革和完善。国内制度变迁的动机之一是追逐制度变迁的外部利润。国内制度变迁的动机之二是弱化国内制度壁垒；制度变迁会产生路径依赖，尽管存在更优的策略选择，仍可能锁定在低效率的状态。要摆脱这种低效率的均衡状态，一是政府的政策性介入。二是依靠壮大国内相关利益集团，通过利益集团的博弈实现博弈均衡状态的改变。三是外国利益集团的影响也可以诱使高效率的策略选择成为支配策略向量。本书据此构建理论模型分析集体行动对制度选择的影响。首先运用模型分析贸易自由化促进国内制度变迁的一般机制。其次，进一步分析利益集团的博弈及制度变迁路径选择的动力机制；国内制度变迁选择集合包含许多相关制度，本书主要从四个方面进行分析。一是服务外包的产业特征与发展现代服务业的制度选择。二是服务外包发生的前提与知识产权保护制度优化。三是承接服务外包的核心要素与人力资源供给的制度选择。四是服务外包发展的市场因素与制度选择；国内制度变迁的效应：一是区位优势提升效应。从制度功能的视角来看，制度安排主要通过发挥导向功能、降低交易成本、降低行为风险等提升承接国际服务外包的区位优势。二是资源配置效应。包括国际间的资源配置和国内的资源配置。有效的制度安排可以大大降低某个地区的交易成本，吸引更多的生产要素流入该地区。另外，制度激励可以规定人们的偏好，影响人们的选择，使资源的流向与配置不同，从而决定不同的发展路径。在理论分析的基础上进一步对印度制度构建与国际服务外包发展进行经验分析，从而提出中国发展国际服务外包制度构建的对策建议。

3. 国际服务外包对知识产权保护的有效性极为敏感，本书在前人研究的基础上，对中国知识产权保护制度进行了测算，并从立法与执法层面对国际服务外包与知识产权保护制度进行分析。

第一章　文献综述

第一节　国际服务外包发展理论综述

一、国际服务外包快速发展的理论基础

1. 生产性服务链理论

关于国际服务外包快速发展的原因，Jones-Kierzkowski 于 1990 年提出的生产段和生产性服务链理论可以进行很好的解释。这一理论认为当生产过程逐渐分散在不同国家，并由其产生的生产区段合作进行时，对金融服务、信息服务等生产性服务纽带的需求就会上升，从而诱发生产性服务的国际贸易。[①]

首先，通过图 1—1 简单了解一下生产过程的分散化。图中 a 表示单一生产区段，投入的服务主要涉及生产区段的内部协调

[①]　Jones, R. and Kierzkowski, H., *The Role of Services in Production and International Trade: A Theoretical Framework, in The Political Economy of International Trade*, Basil Inc. pp. 31-48, 1990.

以及联结企业与消费者的营销活动。图中 b 出现了两个生产区段，这时需要通过服务这一纽带进行联结，比如运输服务。图中 c 表示生产区段的进一步分化，生产性服务链延伸，比如上游的研发、设计服务；中游的金融、保险服务；下游的运输、营销服务等。图中 d 显示了一种新组合，即有关生产区段的"并联"即平行运行。

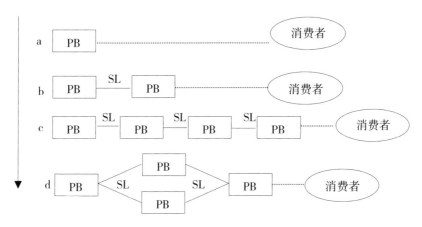

图 1—1 生产过程的分散化与生产性服务链

注：PB 表示"生产段"，SL 表示"服务链"。

在开放经济条件下，各国通过比较优势参与国际分工，一个国家可能在某种商品或服务上具有总体比较优势，但不可能在该种商品或服务的每一个生产区段和服务链的成本都是较低的，为了使产品生产的比较优势最大化，企业会将生产过程分散在国内与国外多个区段分散生产。生产区段分散在不同国家，生产性服务链就可以由不同国家的服务提供者提供，于是就产生了生产性服务的国际贸易。以电信、金融服务业为代表的现代生产性服务技术的迅速发展，大幅度地降低了国际服务链的相对成本，促进了生产区段分散的国际化，生产性服务的国际贸易也因此获得了快速增长。

生产区段分散的国际化以及外国服务链的引入所带来的成本结构的变化如图1—2所示。假定国内外生产区段的固定成本相同。如果国外生产区段拥有成本优势，那么，它也可能既体现在可变成本上，也体现在固定成本上。另外一个假定是联结跨国生产区段的服务链成本大于联结国内生产区段的成本。H 线表示生产区段均在国内时的固定成本和可变成本，H′增加了服务链成本。如果国内和国外各有一个生产区段成本较低，则国内和国外组合生产之后的成本由 M 表示。假定这时的固定成本仍与 H 相同，但联结国内和国外生产区段的服务链成本大于两个区段均在国内时的成本（ca>ba），那么，用于联结跨国生产区段的服务链成本将会把最优成本—产出曲线 beH′即 H′线折成 beM。也就是说，当产量大于 Q 时，企业可以采取国内和国外相互结合的分散化方式进行生产。①

2. 全球价值链理论

迈克尔·波特在竞争优势理论中将价值链作为分析企业竞争优势来源的基本工具。竞争优势来源于企业在设计、生产、营销、交货等过程及辅助过程中所进行的许多相互分离的活动。涉

---

① 程大中：《国际服务贸易学》，复旦大学出版社 2007 年版。

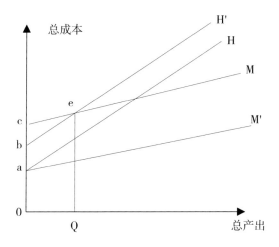

图1—2 生产段与服务链的国际化

及任何产业内竞争的各种基本活动有五种基本类型，包括内部后勤、生产作业、外部后勤、市场和销售、服务。在任何产业内竞争所涉及的各种辅助价值活动可以被分为四种基本类型，包括采购、技术开发、人力资源管理、企业基础设施。基本活动和辅助活动构成企业的价值链。每一个企业的价值链都是由以独特方式联结在一起的九种基本的活动类别构成的。① 根据迈克尔·波特的价值链理论，从研发、设计、采购、生产、库存、营销到运输等环节是一条完整的价值链，环环相扣，缺一不可。一个公司不可能在价值链的每一个部分都是具有竞争力的，企业应该集中于核心业务环节，而将不具有竞争优势的业务外包给比自己更具成本优势和专业优势的企业，以此来获得竞争优势。②

① ［美］迈克尔·波特著：《竞争优势》，陈小悦译，华夏出版社1997年版。
② 汪应洛：《服务外包概论》，西安交通大学出版社2007年版。

卡普林斯基（Kaplinsky）在《价值链研究手册》中又提出了全球价值链的概念。他认为，全球价值链是指为实现商品或服务价值而连接生产、销售、回收处理等过程的全球性跨企业网络组织。它包括所有参与者和生产销售等活动的组织及其价值利润分配。[①] 加里·杰瑞夫（Gary Gereffi）界定了全球价值链从组成要素到制度层面存在的四个维度：（1）投入——产出结构，价值链是按照价值增值活动的顺序依次串联起来的一系列流程。（2）空间布局，由于跨国公司和采购商纷纷将核心能力领域以外的环节外包，价值链中的各环节超越国家界限，分散到世界上不同的国家，因此形成真正的国际化经营体系。（3）治理结构，价值链是由相互联系的各环节组成的具有特定功能的产业组织，其中某些成员发挥主导作用，负责对各环节进行统一的组织和协调，保证价值链的功能得以顺利实现，这就形成了不同程度和类型的治理结构。[②]（4）体制框架，主要是指国内和国际的体制背景（包括政策法规、正式和非正式的游戏规则等）在各个节点上对价值链产生影响。[③]

经济全球化带来的资源在全球范围内的流动是国际服务外包迅速兴起的驱动因素。陈菲（2005）认为经济全球化带动资本、

---

① Kaplinsky, R., Morris, M. A., *Handbook of Value Chain Research*, Prepared for IDRC, 2001, 8.

② Gereffi, G., "*The Organization of Buyer-Driven Global Commodity Chains: How U.S. Retailers Shape Overseas Production Networks*", in *Commodity Chains and Global Capitalism*. Ed. By Gary Gereffi and Miguel Korzeniewicz. London: Praeger Press, 1994, 97.

③ Gereffi, G., "*A Commodity Chains Framework for Analyzing Global Industries*", Mimeo: Duke Universtiy, forthcoming in American Behavioral Scientist, 1999.

信息、技术、劳动力、资源在全球范围内流动、配置和重组，使生产、投资、金融、贸易在世界各国、各地区之间相互融合、相互依赖、相互竞争和制约，整个世界连接成一个巨大的市场。任何企业想在此浪潮中"闭关自守"是注定要失败的，只有通过服务外包与别的企业建立战略联盟，协调合作，互惠互利，才能获得长久竞争优势，享受全球化带来的胜利成果。因此，经济全球化程度越高，服务外包程度也越高。[①]

在经济全球化背景下，企业获取和配置资源、参与竞争的方式已经打破了以往的地理区域和行业领域的限制，企业要直面国际竞争，必须在价值链上选择一个或几个自身具有相对优势的战略环节作为企业的核心能力来培养，而把相对不具备竞争优势的环节以战略联盟等形式外包出去，交由最好的专业公司去做。凭借较少的内部资源，创造出更大的价值，提高企业资源的利用效率，[②] 实现优势互补的双赢局面。全球价值链理论为服务外包的快速发展提供了重要理论依据。

二、发包方进行服务外包的理论基础

1. 核心竞争力理论

1990 年，哈默尔和普拉哈拉德发表《企业核心竞争力》之

---

① 陈菲：《服务外包动因机制分析及发展趋势预测——美国服务外包的验证》，《中国工业经济》2005 年第 6 期。

② 谭力文、刘林青等：《跨国公司制造和服务外包发展趋势与中国相关政策研究》，人民出版社 2008 年版。

后，外包这个概念迅速升温。核心竞争力被认为是企业借以在市场竞争中取得并扩大优势的决定性力量。一般来说，企业可以将其所经营的业务按照同企业核心能力的关联度分为核心业务和非核心业务，非核心业务又可以分为核心业务相关业务、支持性业务与可抛弃业务。外包就是企业将不直接创造价值的后台支持功能剥离，专注于直接创造价值的核心功能。如图1—3①。

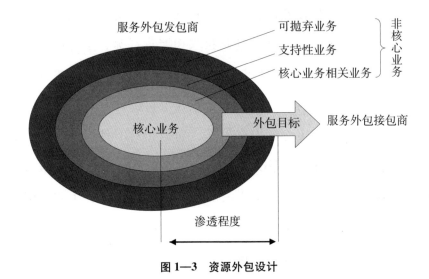

图1—3 资源外包设计

绝大多数研究认为降低成本及强化核心竞争力是服务外包最关键的内在动因。美国 Michael F.Corbett & Associ-ates 公司在对北美130余家已采纳了外包服务的公司进行的调查表明，降低运营成本（35%）和侧重核心业务（32%）成为一个企业进行外包决

———————

① 朱晓明等：《服务外包——把握现代服务业发展新机遇》，上海交通大学出版社2006年版。

策时的主要因素。[①] 关于成本因素与质量因素的影响程度，目前许多学者和咨询公司认为，发包方对质量因素的关注大于成本因素，降低成本只是一种表层原因，更重要的是打造核心竞争力。

托马斯·弗里德曼认为，公司把业务转移出去的目的是获得更新的技术从而更快地成长壮大，而绝不仅仅是简单地削减成本和缩小生产规模。[②] 荆林波认为，美国向许多国家转移的外包业务都是非核心业务及低附加值业务，从目前的数据来看，大多数有外包业务的美国公司通过外包巩固了核心业务，增强了核心竞争力和维护了高利润领域，这正是美国公司外包的核心动力所在。[③] 科尔尼公司对全球离岸目的地指数进行研究后，提出两种观点：一是服务提供国单纯的成本优势已不足以吸引离岸业务；二是寻求离岸业务的公司关注绩效，而不是成本削减。其认为，低成本国家间的竞争日趋激烈，单纯地提高当前绩效水平已不足以令众多国家吸引并挽留快速发展的离岸业务。尽管全球领先离岸地区的相对成本优势普遍下滑，但其人员技能和业务环境得分却大幅上升。这些发现为发达国家和发展中国家的政策制定者传递了这样的信息：维持和增强长期竞争力的关键在于技能开发、基础设施投资和监管环境——而不仅仅是控制薪资。事实上，无

---

① 张强：《通信服务外包市场的发展动态》，《电信技术》2003 年第 5 期。

② ［美］托马斯·弗里德曼：《世界是平的：21 世纪简史》，湖南科学技术出版社 2006 年版。

③ 荆林波：《质疑外包服务降低成本及引起失业的假说》，《经济研究》2005 年第 1 期。

法改善劳动力技能水平和整体业务环境，将会导致在快速发展的远程服务业方面丧失竞争力。IDC 总部高级副总裁 Frank Gems 2003 年指出，利用离岸外包并非应付经济低迷的权宜之计，而是企业根本架构的战略性改革，将非核心业务外包到海外，公司高层主管可集中其时间和精力，可集中公司的有限资源，加强其研发和设计等核心业务。Dossani 和 Kenney 认为，大部分离岸外包企业"去是为了成本，留下是为了提高质量"。①

2. 资源依存理论

费佛尔和萨兰奇科是资源依存理论的集大成者。他们提出了4 个重要假设：①组织最重要的是关心生存；②为了生存，组织需要资源，这些资源包括人员、资金、顾客、技术和物资等，而组织自己通常不能生产这些资源；③组织必须与它所依存的环境中的因素互动，这些因素通常包含其他组织；④组织生存建立在一个控制它与其他组织关系的能力基础之上。他们认为，一个组织对另一个组织的依存程度取决于 3 个决定性因素：资源对于组织生存的重要性；组织内部或外部一个特定群体获得或处理资源使用的程度；替代性资源可获取性。如果一个组织非常需要一种专门知识，而这种知识在这个组织中又非常稀缺，并且不存在可替代的知识来源，那么这个组织将会高度依赖掌握这种知识的其他组织。

---

① Mark Minivich, Frank J. Richter, "*Global Outsourcing Report 2005*", Going Global Ventures Inc., 2005.

资源依存论强调企业从环境中获取资源的重要性。组织内部不可能拥有所必需的所有资源，为了很好地运作，组织必须依赖其他组织提供的必要的资源。这种依赖存在着不确定性，而依赖的不确定性导致了风险。企业通过外包与外部组织建立伙伴关系，大大降低了由于相互依赖产生的不确定性所带来的风险，有助于提高企业获取资源的功效，以及稳定地、一致性地获取高质量资源的能力。①

3. 比较优势理论

比较优势理论奠定了国际贸易的理论基石，也是进行服务外包的重要理论依据。所谓比较优势是指某种经济活动能够密集利用特定国家或经济体内部比较丰裕的要素带来的低成本优势。由于不同国家和经济体内不同类型人力资源的相对稀缺度和相对价格不同，在技术和其他条件许可的情况下，把不同的服务活动拆分到它们所需要的人力资源相对价格较低的国家进行，能够通过节省成本获得比较优势利益。由于人力资源要素的相对价格在发展水平不同的国家之间差异较大，比较优势效应在离岸服务外包领域表现得最为显著。②

依据比较优势理论降低成本是服务外包的重要驱动因素。Apte 和 Mason（1995）提出外包的好处是成本降低，拥有大量

①　汪应洛：《服务外包概论》，西安交通大学出版社 2007 年版。
②　卢锋：《服务外包的经济学分析：产品内分工视角》，北京大学出版社 2007 年版，第 82 页。

技术专家人才和巨大的发展中的市场，设计和开发周期缩短。孟国保、苏秦认为，外包可以削减开支，增强成本控制，同时外包供应商的专业化程度较高，能够达到规模经济，因而成本更低、效率更高。[①] UNCTAD 和 RBSC 2004 年的一项研究认为，大约80%的欧洲大型跨国公司认为离岸外包带来的成本节约大约为20%—39%，另外 10%左右的企业认为比这个数据要更高。

三、接包方提升区位优势的理论基础

1. 成本学派理论。这一学派认为在跨国公司对外投资的区位选择中，成本最小化仍然是外商投资区位选择的重要标准，但是在生产成本的基础上，又将信息成本和交易成本引入跨国公司对外投资的区位分析中。认为决定国际投资区位选择的关键因素是交易成本和信息成本的大小（Buckiey&Casson，1985）。其代表人凯夫斯（Caves，1971）认为，与本地企业不同，外商投资企业往往面临很高的搜寻成本，这类成本常迫使跨国公司采取回避投资风险的策略，从而选择低交易成本和信息成本的区位。

2. 市场学派理论。以 Kravis、Friedman、Caves 为代表的市场学派理论，十分强调市场的接近性、市场规模及增长潜力对跨国公司投资区位的影响，认为接近市场就意味着低的运输成本、低的信息搜寻成本，较大的市场规模和快速增长的市场潜力，对

[①]　孟保国、苏秦：《软件企业业务外包管理过程研究》，《软科学》2004 年第 3 期。

跨国公司的直接投资也具有较大的吸引力。

3. Dunning 的国际投资折中理论。该理论将所有权优势理论、内部化理论、区位理论有机结合起来，说明跨国投资的决定因素。Dunning 认为，区位优势不是跨国公司所拥有的，而属东道国所拥有。跨国公司不能自行支配区位优势，只能适应和利用这项优势。区位优势主要包括两个方面：一是东道国不可移动的要素禀赋产生的优势，如自然资源、地理位置、劳动力等；二是东道国良好的政治经济制度、优惠的政策、法律法规等形成的有利条件。他的理论把直接投资的区位因素分为：市场因素、贸易壁垒、区位成本因素和投资环境；

4. 制度学派理论。以 Agodo、Belderbos、Oxelheil 以及中国学者鲁明泓等为代表的制度学派理论，着重分析了东道国政治、经济、法律甚至转型体制对吸引国际直接投资的影响。鲁明泓认为国际经济安排、法律制度、经济制度和政府廉洁度四大制度因素对吸引外商直接投资有较大影响。他利用 114 个国家和地区的数据进行分析，得出的结论是经济开放度是东道国吸引跨国直接投资的最重要的影响因素。

第二节 制度变迁理论综述

一、制度变迁的基本动力

诺斯制度变迁理论的一个基本假定即经济人假定，即假定企业总是试图使利润最大化。制度变迁的诱致因素在于主体期望获取最大的潜在利润。"潜在利润"是一种在已有的制度安排结构中主体无法获取的利润。它的存在说明可以通过新的制度安排对社会资源的配置进行帕累托改进，即"正是获利能力无法在现存的安排结构内实现，才导致了新的制度安排的形成"。其目的在于，使显露在现存的制度安排结构外面的利润内部化。没有潜在利润，绝不会有制度变迁；但是即使有了潜在利润，制度变迁也不一定发生。只有当通过制度创新可能获取的潜在利润大于为获取这种利润而支付的成本时，制度创新才有可能。

二、制度变迁的路径依赖理论

诺斯是将技术变迁中路径依赖概念和理论引进制度变迁分析的第一人，诺斯认为历史上种种因素往往导致一种或某种低效率制度的自我维系机制。由此，不可预期的结果具有四个特性：（1）多重均衡，即可能存在多重解而结果不确定；（2）可能的无效率—高效率的制度可能因为一些历史原因而未能被采纳，从而被无效率的制度替代；（3）锁定——一旦社会被锁入一个均衡点，就很难从中摆脱出来；（4）路径依赖性——一些小事件或随机的结果可能使解决方案一旦形成，就会导致一个特定的制度变迁路径。诺斯认为制度变迁的路径依赖形成的原因包含以下四个因素：（1）报酬递增。指制度在社会生活中给人们带来的报酬递增。在市场状况较为复杂的情况下，制度的初始设计必须尽可能地与市场实际相吻合，以便保证制度实施的可行性。
（2）不完全市场。指复杂的、信息不完全的市场。由于市场总
是复杂多变的，人们不可能事先掌握准确而又全面的信息，再加
上人们受到个人的主观意志、意识形态及个人偏好的制约。因
此，制度变迁不可能总是按照初始设计的方向演进，往往一个偶
然的事件就可以改变制度变迁的方向。（3）交易费用。由于交
易费用的存在，使大量非绩效的制度变迁陷入"锁定"状态而
长期存在。（4）利益因素。一个社会的组织状态深刻地影响着
制度引起的报酬递增状况，从而决定着制度变迁的轨迹。这些组
织都是存在着自身利益需要的集团，这些利益集团对现存路径有
着强烈的需求。[①]

三、演化博弈论与制度变迁

青木昌彦把制度视为博弈规则，假定博弈参与人是有限理性
的，假定环境变化带来获利机会，参与人需要调整决策以寻求利
益最大化，这可视为一个博弈过程。青木昌彦的制度演化模型强
调，就博弈过程来说，均衡结果可能有多个，则内生的制度结果
可能是多重的，究竟哪个制度成为现实的制度被选择并稳定下
来，与参与人最终选定的制度规则和与其背景相关的规则以及历
史等有关。其将竞争因素引入到制度演化分析中，认为制度多重

---

① 卢现祥、朱巧玲主编：《新制度经济学》，北京大学出版社 2007 年版。

性和制度演变必须考虑备择制度之间的竞争。如果环境发生重大变化，参与人依靠现存制度提供的浓缩信息进行决策就可能出错，此时参与人必须重新确定自己的信念，而这又依赖一定的符号系统。参与人在新的环境条件下必须尝试各种行动规则，这些行动规则通过相应的符号系统展开竞争，胜出的符号系统成为均衡的表征，并凝结成新的制度。①

四、集体行动理论与制度变迁

康芒斯指出，制度是集体行动对个体行动的控制。由于资源的稀缺性，获得它们就得由集体行动加以管理，而集体行动的结果便是制度安排。

奥尔森的集体行动理论非常关注利益集团对制度选择的影响。奥尔森把集团利益区分为两种：一种是相容性的，另一种是排他性的。前者指的是利益主体在追求这种利益时是相互包容的，如处在同一行业中的公司在向政府寻求更低的税额以及其他优惠政策时利益就是相容的，这时利益集团之间是一种正和博弈。后者指的是利益主体在追求这种利益时却是相互排斥的，如处在同一行业中的公司在通过限制产出而追求更高的价值时就是排他的，即市场份额一定，你多生产了就意味着我要少生产。这时，利益主体之间是一种零和博弈。与此相适应，奥尔森把集团

---

① 卢现祥、朱巧玲主编：《新制度经济学》，北京大学出版社 2007 年版。

分为相容性集团和排他性集团。在其看来，相容性集团较排他性集团更有可能实现集体的共同利益。利益集团的目标是双重的，一方面寻求利润的最大化即寻利，另一方面是寻求租金的最大化。如果利益集团和国家仅仅是寻求利润最大化这个单一的目标，那么我们选择的制度就一定是最有效率的制度。但是，集体行动也存在困境，不同规模的集团在社会经济中的影响并不与该集团的人数成正比，"除非存在着强制或外界引导大集团的成员为实现它们的共同利益而奋斗，不然集体物品不会被提供"。①因此，集体行动经常要依靠自上而下的命令和合法强制。②

第三节　国际服务外包发展制度因素相关文献综述

一、贸易自由化与国内制度因素相关文献综述

1. 理论研究综述

贸易自由化导向可以充分发挥贸易开放的资源配置和技术转移等效应，实行贸易自由化政策成为许多国家促进经济发展的重要手段。在理论分析中，不少学者开始关注不同国家在经济发展过程中所面临的问题和所处发展阶段的差异，关注到国内制度对开展贸易自由化的影响。

Rodric 是研究国际贸易和国内制度相关关系的代表学者。

---

① ［美］曼瑟尔·奥尔森：《集体行动的逻辑》，上海三联书店 1995 年版。
② 卢现祥、朱巧玲主编：《新制度经济学》，北京大学出版社 2007 年版。

Rodric（1999）运用公式将制度的作用表示为：增长率的变化=f［－外部冲击（近期的社会冲突/冲突管理制度）］，其中，外部冲击最主要表现为贸易条件的变化；近期的社会冲突由收入不平等表示；冲突管理制度由民主、法规或者公共社会保障支出测量。其公式表达的核心意思即适当的制度调整可以缓解外部冲击带来的影响。Acemoglu，Johnson 和 Robinson（2002）研究了1500—1850 年间西欧国家发展过程后认为，西欧经济在这段时间内迅速兴起的重要原因在于大西洋贸易的发展引起了西欧国家国内制度的相应变化。Jansen 和 Nordas（2004）研究制度质量和贸易自由化成功的相关关系，得出的结论为：（1）制度和开放度之间存在明显的正向关系；（2）制度质量越高，关税水平的高低越重要。许多学者更加关注制度在开放的发展中国家经济发展中的重要性。如 Krueger（1997），Rodric（2000），Baldwin（2002）。

在研究国际贸易和国内制度关系的文献中，学者注意到国内制度前提对实行贸易自由化的约束，但是对贸易自由化影响一国制度的机制的研究却很少。在此基础上，涂红（2006）对发展中大国的贸易自由化制度变迁与经济发展进行了研究。其认为，相对于发达国家来说，由于发展中国家国内制度的不完善，发展中国家的贸易自由化不再是一个单纯的贸易政策领域内的问题，贸易自由化促进发展中国家经济持续增长的效果也不仅仅取决于贸易政策本身，而是更加依赖于发展中国家的其他国内改革和制度环境。涂红重点对贸易自由化促进发展中大国制度变迁的机制进行了分析。第一，从动态化角度进行分析，认为贸易开放度的增加引致制度变迁主体的壮大，制度变迁主体的壮大进而推动国内市场制度建设。第二，从制度创新的供给和需求的视角继续分析贸易自由化促进制度变迁的具体途径和表现。从制度需求的视角来看，在四个方面提出了制度需求：一是贸易自由化赖以依存的制度基础是市场经济制度，需要市场机制的建立和市场体系的完善。二是需求宏观经济稳定制度，因为宏观经济的不稳定容易增加交易活动的不确定性。三是对市场主体培育的需求，来自国际市场的竞争，一方面对政府行为的规范性提出了要求，另一方面也为企业的发展和组织形式的创新提供了动力。四是法律制度的需求。法律体系的薄弱会减少投资，因此，如果法律体系不完善，一国不可能获得高速增长。从制度供给的视角来看，贸易自由化通过信息交流与学习效应、技术进步、教育和知识的积累、市场意识的形成等途径，减少了制度变迁的摩擦成本，有利于制度变迁的完成。

2. 实证研究综述

许多学者运用实证分析的方法验证了国内制度因素对贸易开放与经济增长的约束。其中一些学者的研究表明，贸易开放和经济增长之间存在正向相关关系，但是遭到一些学者的质疑。如Dollar（1992）采用各国间的价格差异作为衡量贸易扭曲的指标，发现贸易扭曲度越高，人均 GDP 增长率越低。但是

Rodriguez 和 Rodrik（2001）在 Dollar（1992）的模型中加入相应的虚拟变量后，发现贸易扭曲变量对经济增长的影响失去显著性。Dollar 和 Kraay（2002）对 100 个国家贸易量的变化与经济增长率之间的关系进行实证分析，发现他们之间存在正相关关系。但是，如果在变量中加入测度制度质量的变量、政府支出占国民生产总值比重、通胀率和国内暴乱次数等其他变量，并将其内生性之后，贸易变化量对经济增长的影响丧失显著性。涂红（2006）认为，所有证明贸易开放和经济增长之间存在正相关关系的实证研究中，解释变量都不仅仅包括单一的关税和非关税政策，往往还包括其他国内政策和制度变量。如 Bhagwati（1978）和 Krueger（1997）研究中特别强调了汇率制度、国内的财政货币政策和市场开放政策的重要性。Rodriguez 和 Rodrik（2001）的研究发现，由于各种经济政策之间广泛存在着严重的多重共线性，要想单一考察贸易政策对经济增长的影响是不可行的，也是没有意义的，因为一旦加入其他政策变量和制度变量，关税和非关税壁垒同经济增长的相关性就丧失统计显著性或者显著水平。Rodrik，Subramanian 和 Trebbis（2002）用两阶段最小二乘法对地理、贸易和制度因素三类因素的样本与经济增长进行了回归分析。结果表明，制度、地理和贸易三个因素分别都表现出与人均收入水平相同的变动趋势，但是一旦综合起来就会发现，地理和贸易这两个因素对收入的影响变得微乎其微，不仅系数值很小，而且不能通过显著性检验，甚至有时贸易的系数符号还是反向的，而制度变量则表现出显著的正相关关系。此外，Acemoglu，Johnson 和 Robinson（2001）；Chaswick 和 Hatton（2003）；Winter（2004）；Chang，Kaltani，Loayza（2005）等都从不同角度加入制度因素考察贸易自由化与经济增长之间的关系。

二、部分学者与机构对国际服务外包发展制度因素的关注

1. 卢锋对国际服务外包发展制度因素的关注

卢锋（2007）认为服务外包的兴起并非偶然，而是具有深刻技术、制度和时代背景的趋势性现象。现代 IT 技术的普及对降低信息通讯成本的革命性作用、鼓励开放的制度变迁、市场竞争范围的扩大和程度加剧等环境因素演变，使得企业在临界水平上转移一个追加服务流程到外部甚至国外进行的广义交易成本大幅降低，这是当代服务外包兴起的最重要根源。

其中，卢锋认为当代服务外包的兴起得益于制度演化创新。多边贸易规则自由化进程的推进，很多国家发展战略开放取向的调整，不仅促进了制造活动外包和产品内分工，也对离岸服务外包产生了积极影响。卢峰认为 GATT 乌拉圭回合谈判的两项重要成果——《服务贸易总协定》和《与贸易有关的知识产权协定》确立了 WTO 对服务贸易和知识产权保护的多边规则，这两项重要成果对拓展多边贸易框架的管理范围作出了贡献，同时，也显著降低了服务外包的交易成本。另外 20 世纪后半期经济的全球化进程，在实践中推动越来越多的国家和经济体采取开放导向的

经济发展战略，这与外包潮流的兴起存在互动关系。作为目前最大的国际服务外包的受包国，印度富有特色的制度创新对推动当代服务外包潮流发挥了关键作用。

　　卢锋通过中国与印度有关承接国际服务外包问题的认识和政策比较，进一步认为认识和政策滞后是中国承接国际服务外包相对落后的根源，个别企业无法通过自身努力降低这类由国家政策决定的相对交易成本，这构成国际服务发包企业"先选国家，后选企业"行为方式的背景，也说明政策调整是中国承接国际服务外包的必要条件。并用图1—4[①]示意中印两国的政策差异对承接国际服务外包相对竞争力影响的比较关系。假定中国与印度各自独立面临国际服务外包发包业务的机会，对右边纵轴表示的中国来说，国际服务外包的边际收益线向左下方倾斜。早先历史时期由于技术和制度原因的制约导致交易成本太高而使国际服务外包不具有经济合理性，这一约束用中印两国共享边际成本 MC_0 表示。过去近20年的技术革命和体制演变使得边际成本线下降并推动国际服务外包发展起来。印度政策调整较早，力度较大，边际成本线大幅下降到 MC_i，因而均衡点为 E_i^*，均衡意义上能够承接较多国际服务外包，用 O_IE_i 表示。我国由于政策调整滞后等因素影响，边际成本仅小幅下降到 MC_c，均衡点为 E_c^*，承接国际服务外包上限仅为 O_cE_c。

---

① 卢锋：《服务外包的经济学分析：产品内分工视角》，北京大学出版社2007年版。

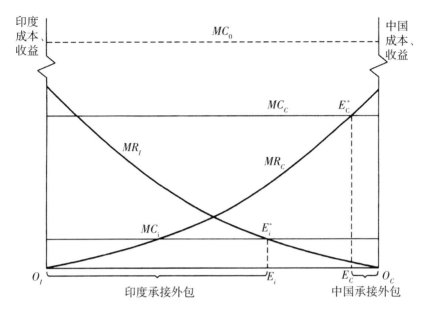

图1—4　中印两国政策差异对承接国际服务外包的影响

在上述分析的基础上，卢锋重点对中国相关政策调整滞后的表现及其作用进行了分析，其中包括相关电信管制政策、相关行业协会职能、相关人才培养政策、相关税收政策调整滞后的表现，并提出了相应的对策建议。

2. 印度行业协会认为制度因素是印度服务外包具有优势的重要影响因素

NASSCOM 认为，与其他竞争者相比，印度拥有大量的懂英文劳动力，密切关注并跟随国际标准，对于信息安全方面十分重视，此外印度的电信基础设施也在不断改进，投入成本已接近全球竞争水准。政府的强力支持也是优势之一，印度政府下大力气改善基础设施配备，制定了一系列对于该行业发展有利的政策和法规。①

3. 刘绍坚的调查问卷结果显示制度环境对中国承接软件外包影响巨大

在中国大力发展国际服务外包的现实背景下，刘绍坚为探索影响中国软件外包企业市场开拓能力的因素，向北京、大连、上海、西安、杭州等大城市中占中国承接国际软件外包市场份额70%以上的150家软件外包企业寄送了调查问卷，通过对回收问卷的分析，在市场环境、制度环境、政治环境、企业能力、人才成本五个主要变量中，制度环境、市场环境、政治环境等宏观因素对中国承接国际软件外包影响十分巨大，而企业能力和人力成本等微观层面的因素相比影响不太显著。三个宏观环境因素中，制度环境居于首位。

制度环境中主要包含国家财税政策、知识产权保护、人才储备和行业协会服务四个方面的要素，调查结果表明，绝大部分企业认为这四个要素都重要，频数分别达到 82.7%、82.7%、87.5%、64.5%（包括重要和十分重要）。

表1—1　企业对影响中国承接软件外包发展的制度环境评价（单位:%）

评价点	十分不重要	不重要	无所谓	重要	十分重要
有效的国家财税扶持政策	0	2.9	14.4	37.5	45.2
良好的知识产权及隐私保护	0	1.0	16.3	36.5	46.2

---

① NASSCOM：《战略评估 2005》，www.NASSCOM.org，2005。

续表

评价点	十分不重要	不重要	无所谓	重要	十分重要
充足的人才培养及储备	0	3.8	8.7	26.9	60.6
高效的行业协会服务	1.0	8.7	26.0	38.5	26.0

资料来源：刘绍坚：《软件外包：技术外溢与能力提升》，人民出版社 2008 年版，第 447 页。

4. 谭力文、田毕飞对服务外包发包方政策的关注

谭力文等在对跨国公司制造和服务外包发展趋势与中国相关政策研究中关注到主要发包方的外包政策的重要影响。其主要分为主要发包方的制造外包政策和主要发包方的服务外包政策，并分别进行了简单介绍。

5. 裴长洪、吕彦儒等对新一轮对外开放制度创新的关注

裴长洪（2013）认为中国新一轮对外开放的重心是在制度变革上，着重点是通过扩大服务贸易开放，改善现有的投资准入制度，最后实现金融领域的开放。吕彦儒（2013）指出自由贸易试验区作为一个境内关外的特殊区域，获得了更高的制度创新，促进中国贸易投资的便利化。

6. 更多学者关注到承接国际服务外包的一些具体影响因素

伴随着国际服务外包的迅速发展，承接国际服务外包的影响因素成为近年来研究的热点话题，综合目前的研究文献，主要包括人力资源储备、成本因素、宏观环境、政府的扶持力度、本土的市场需求、基础设施、文化差异等等。

全球管理咨询公司科尔尼（A.T.Keamey）根据财务成本指数、人力资源指数和商业环境指数三个因素构建全球服务地点指数，并对各个国家进行了排名；Gartner 公司制定了一个包括五项关键因素的评价体系，包括政府部门的支持、基础设施、劳动力素质、创建新业务的成本以及文化相容性等；全球人力资源管理咨询公司（Hewitt）开发出了"五要素评估模型"，对接包地进行了分析，其中五要素包括人才、基础设施、外部运营环境、产业效应和配套机制。麦肯锡 2006 年在一篇报告中认为要成为成功的离岸地，必须具备充足的人力储备、完备且能够升级的基础设施、成本优势、有利的商业环境以及持续增长的本土 IT 需求。李艳芝（2005）对服务外包的区位影响因素进行了分析，认为影响服务外包区域选择的主要因素包括市场规模、劳动力成本、基础设施建设规模、科技投入、人力资本存量、服务贸易开放程度六个方面。[①] 朱晓明（2006）对服务外包提供商进行了二要素分析，认为服务外包提供商被发包商选中取决于两大类关键要素：外包地区的商业软硬环境要素 X 和外包服务提供商的成本、能力要素 Y。用函数描述为 f =F（X，Y），X、Y 要素分别包含多个子要素，详见表 1—2

---

① 李艳芝：《离岸服务外包区位影响因素实证分析与对策》，北京对外经贸大学 2007 年硕士学位论文。

表 1—2

X 要素	Y 要素
选择服务外包提供商的成本、能力要素	选择外包地区的商业软、硬环境要素
●反映外包地区的商业硬环境： • 离岸的远近 • 交通及通信基础设施 ●反映外包地区的商业软环境： • 政治、经济稳定 • 地区文化和价值观 • 法律环境 • 语言环境 • 人力资源储备 • 行业的成熟度	●反映服务外包提供商的成本： • 员工成本 • 房屋及设备使用成本 • 有关税收 ●反映服务外包提供商的能力： • 专业资源 • 规模、财务能力 • 管理能力（CMM） • 客户服务能力

第四节　文献简评及本书研究视角

一、文献简评

1. 从上述文献综述中，我们可以看出，目前关于国际服务外包发展的影响因素分析中，部分学者已经关注到制度因素在国际服务外包发展中的重要作用，但是还带有片面性，目前还没有专门文献从制度视角对国际服务外包发展的影响因素进行综合分析，本书试图在这一方面进行尝试。

2. 卢锋关注到当代服务外包的兴起得益于制度演化创新，并且认为多边贸易规则自由化进程的推进，很多国家发展战略开放取向的调整，与外包潮流的兴起存在互动关系，对国际服务外包产生了积极影响；作为目前最大的国际服务外包的受包国，印度富有特色的制度创新对推动当代服务外包潮流发挥了关键作用。应当说，卢锋在研究中已关注到多边贸易规则、发包方开放取向的制度调整、接包方的制度创新三个层面的制度因素对国际服务外包发展的合力作用。但是只是寥寥数语简单概括，没有展开论述，其重点在于对中国相关政策调整滞后的表现及其作用进行分析。本书试图沿着卢锋关注的这一视角从上述三个层面搭建宏观分析框架，全面系统地对国际服务外包发展的制度因素进行分析。如图1—5所示。

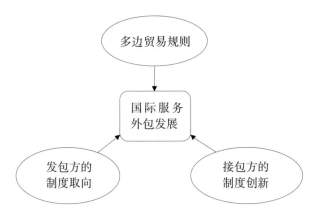

图1—5　本书的宏观分析框架

3. 在承接国际服务外包激烈的国际竞争中，更多学者关注到承接国际服务外包的具体影响因素。从文献研究中，我们可以把其概括为三大因素：环境、人才、成本。环境因素既包括硬环境，也包括软环境，如法制环境、语言环境、经济制度环境、市场环境等；人才是承接国际服务外包的核心要素。从上述文献综述中，我们可以看出，发包方进行服务外包的主要动因是通过发包方与接包方之间资源的相互依存，提高企业获取高质量资源的能力，进而打造核心竞争力，其中，最重要的是拥有专门知识的人力资源。所以，高质量的人才储备是承接国际服务外包的核心要素；根据比较优势理论，降低成本是进行服务外包的另一动因。成本学派理论认为成本最小化是外商投资区位选择的重要标准，在生产成本的基础上，又将信息成本和交易成本引入跨国公司对外投资的区位分析中，认为跨国公司采取回避投资风险的策略，常常选择低交易成本和信息成本的区位。所以，发包方在进行外包目的地选择时，一方面关注生产成本，另一方面更关注交易成本和信息成本。本书认为，制度因素对环境的优化、人才的储备、交易成本等的降低具有重要的作用，制度环境的构建将通过影响承接国际服务外包的具体因素对国际服务外包发展产生重要作用。如图1—6

图1—6　制度对国际服务外包发展具体影响因素的作用

4. 国内外许多学者关注到国内制度因素对贸易开放与经济

增长的约束。涂红（2006）在此基础上，重点分析了贸易自由化促进发展中大国制度变迁的机制，以及加入 WTO 与发展中大国国内制度变迁影响的机制，并加入制度变迁因素分析了贸易自由化与发展中大国的经济发展。但是，还没有对国际服务外包促进国内制度变迁的相关研究，发展国际服务外包促进了服务贸易自由化，本书主要把上述思想引入接包国承接国际服务外包对国内制度变迁影响的分析，并运用制度经济学的分析框架对国内制度变迁的动机、制度变迁的路径依赖及制度选择集合、制度变迁的效应进行分析。

二、本书研究视角及思路

综合上述四个方面的分析，本书的研究视角及思路为：从制度因素的视角分析国际服务外包发展的影响因素；并从多边贸易规则、发包方的制度取向、接包方的制度创新三个宏观层面予以展开；对接包国制度因素与国际服务外包发展的理论分析，主要引入国内制度因素，并运用制度经济学的分析框架对国内制度变迁的动机、制度变迁的路径依赖及制度选择集合、制度变迁的效应进行分析。其中，制度选择集合主要是通过制度对国际服务外包具体影响因素的作用确定分析的维度；在上述分析维度的基础上，通过印度发展国际服务外包制度变迁经验的分析，为中国国际服务外包发展制度构建提供有益的启示；最后对中国发展国际服务外包的制度约束与制度构建进行分析并提出相应建议。

第二章 多边贸易规则与
国际服务外包

GATT 乌拉圭回合谈判的两项重要成果——《服务贸易总协定》和《与贸易有关的知识产权协定》对拓展多边贸易框架的管理范围作出了贡献，同时也有力地推动了国际服务外包的发展。

第一节 《服务贸易总协定》与国际服务外包

一、服务贸易与国际服务外包的关系

国际服务外包可以看作是通过外包这一特定交易方式实现的特殊国际服务贸易。[①] 关于服务贸易的定义主要有两种方法，一种是基于联合国和 IMF 等国际组织编写的国际收支账户体系

---

① 卢锋：《服务外包的经济学分析：产品内分工视角》，北京大学出版社 2007 年版，第 37 页。

（BP）对服务贸易进行的定义。另一种是基于 WTO《服务贸易总协定》（GATS）对服务贸易进行的定义。基于这两种不同的定义，国际服务外包具有不同的内涵。其中分歧的焦点是在东道国长期运营的外商投资企业与东道国居民之间的交易是国内贸易还是国际贸易。依据 BP 的定义属于国内贸易，依据 GATS 的定义属于国际贸易。下面主要依据 GATS 关于服务贸易的定义界定服务贸易与国际服务外包的对应关系。

根据 GATS 的相关定义，服务贸易主要有四种模式，即：跨境支付；过境消费；商业存在；自然人移动。卢锋（2007）认为，依据国际收支账户（BP）对服务贸易定义的角度观察国际服务外包，二者存在比较清晰的三点对应关系：第一，国际服务外包意味着大量工序流程服务通过跨境交易实现；第二，自然人移动实现服务贸易在国际服务外包场合也有大量表现；第三，国际旅游与国际服务外包似乎没有直接关系。[1] 另外，依据 WTO 对服务外包的定义，服务外包离岸企业都应被看作是商业存在，他们所有的服务交易活动即 FATS 都应被看作服务贸易或国际服务外包。[2] 所以基于 GATS 关于服务贸易的模式与国际服务外包的对应关系主要包含三个层面：一是通过跨境交付实现的国际服务外包。如美国、日本等服务外包发包方在中国、印度等服务外

---

① 卢锋：《服务外包的经济学分析：产品内分工视角》，北京大学出版社 2007 年版，第 38—39 页。

② 卢锋：《服务外包的经济学分析：产品内分工视角》，北京大学出版社 2007 年版，第 41 页。

包承接方设立数据处理中心、呼叫中心等都属于这种模式。这一模式主要是基于信息技术的进步使得跨境交付的服务外包活动得以实现。二是通过商业存在实现国际服务外包。主要是外商投资企业通过独资和合资等形式在东道国设立公司，承接服务外包业务或向东道国居民发包。三是通过自然人移动实现国际服务外包。不管是通过商业存在还是通过跨境交付的形式实现国际服务外包，都需要通过自然人移动实现跨境服务或沟通交流。

二、《服务贸易总协定》的自由化导向与国际服务外包

《服务贸易总协定》把最惠国待遇和国民待遇原则运用到服务贸易领域，并由各缔约方在市场准入方面提出各自的减让表。《服务贸易总协定》的自由化导向有助于降低国际服务外包壁垒，推动国际服务外包发展。

国际服务外包壁垒主要包含三个层面：一是跨境交付壁垒。主要是对电子商务实施的限制性使用、国际电子商务活动的税收、服务提供者的国籍、授权和特许要求等。二是商业存在壁垒。共分为三类：第一类是市场准入限制。如对外商投资企业在本国某些服务部门进行投资的禁止或限制。再如最小资本要求、续资要求、经营地域限制及准入税征收等。第二类是所有权限制。如最高股权限制、外国董事人数限制、对某些决策的政府批准要求、与本国投资者合资要求等。第三类是经营限制。如效益要求、当地成分要求、经营许可要求等。三是人员移动壁垒。如

资格、工作经验和教育程度的不适当认证及对外国服务人员的歧视性待遇等。如美国规定从事软件服务的人员必须获得直接相关的学位，并有该行业三年以上的工作经验。而印度的软件工程师完全能够胜任这份工作，但可能由于他们获得的是工程学位而被拒绝。这三种服务外包壁垒也是相互影响的。如通过跨境交付实现的服务外包项目有时需要专业人员现场从事监测、安装、维护等售后服务，有时需要建立售后服务的商业存在，如果自然人移动和商业存在不自由化，那么通过跨境交付实现的国际服务外包也将受到较大影响。

GATS 倡导逐步自由化的原则，即逐步取消限制性措施，降低贸易壁垒，推动自由化的进程。在具体承诺中，坚持市场准入原则，各国基于利益互惠的考虑，根据自身的经济发展水平，逐步开放国内市场，允许外国服务提供者进入，并把国民待遇和最惠国待遇原则引入推动服务贸易自由化的进程中，这一政策取向对国际服务外包发展具有正向的推动作用。

第二节　《与贸易有关的知识产权协定》与国际服务外包

一、《与贸易有关的知识产权协定》与知识产权保护国际化

早期的知识产权保护具有严格的地域性特征，随着资本主义

从自由竞争阶段向垄断阶段过渡，垄断资本家不但大量输出商品，而且大量输出技术，智力成果传播日趋国际化，早期知识产权保护的严格地域限制使得大量冒牌商品和盗版图书充斥国际市场，垄断资本家迫切需要知识产权的国际保护。世界知识产权的正式保护源自 1883 年的《巴黎公约》，1896 年签订的保护版权的《伯尔尼公约》等，后来这些公约一直在不断的修订中，1993 年 12 月 15 日乌拉圭回合达成的《与贸易有关的知识产权协定》所指的维护知识产权的国际公约主要有四个：一是《保护工业产权巴黎公约》（1967），即 1967 年 7 月 14 日巴黎公约"斯德哥尔摩法案"。二是《保护文学和艺术作品的伯尔尼公约》（1971），即 1971 年 7 月 24 日伯尔尼公约"巴黎法案"。三是《保护表演者、唱片制作者和广播组织的国际公约》（1961），即 1961 年 10 月 26 日在罗马通过的《罗马公约》。四是《关于集成电路的知识产权条约》（IPIC 条约），1989 年 5 月 26 日在华盛顿通过。由于这些条约专为某一类型知识产权设立公约，没有相应全面的规定，所以像商业秘密这类知识产权没有涉及。另外仅规定了知识产权保护程序和最低要求，没有规定侵权发生后应当采取的救治措施，也没有规定解决争端的方法，因而保护措施很不完善。《与贸易有关的知识产权协定》的签订结束了 100 多年来知识产权国际单项立法的局面。第一次将各种知识产权保护规范集中统一规定在 WTO 的有关协议中，将版权及相关权利、商标、地理标志、工业设计、专利、集成电路的外观设计（分布图）、对未公开信息的保护、在契约性许可中对反竞争行为的控制等几乎现有技术经济条件下的所有知识产权保护全部集中在一个法律文本中。并把最惠国待遇和国民待遇原则运用到知识产权保护领域，有效加强了知识产权在国际范围内的保护力度。

二、《与贸易有关的知识产权协定》对国际服务外包发包方①的影响

国际服务外包发包方对接包方知识产权保护的有效性极为敏感，《与贸易有关的知识产权协定》推动的知识产权保护国际化进程有助于提升接包方的知识产权保护水平，进而维护发包方的利益，推动国际服务外包进程。接包方知识产权保护水平的提升对国际服务外包发包方主要有以下几方面的影响。

1. 有助于发包方降低交易成本

降低成本是服务外包的重要利益来源，企业将一部分业务外包出去首先要对外包的成本—收益进行分析。一个完全内置式的生产系统转变为一个高度外包型的生产系统，这一转型过程会使采取这一策略的企业获取新增利益，同时也要支付额外成本。② 额外成本主要是进行外包产生的交易成本。外包的决策原则为 $R = C_{in} - C_{out} - T_{out} > 0$，其中 R 代表外包的净利润，$C_{in}$ 代表在完全

---

① 国际服务外包是双向流动的，发包方与接包方都既包括发达国家也包括发展中国家，但发包方主要以美欧日等发达国家为主，接包方主要以印度、中国等发展中国家为主，所以在本书发包方主要指发达国家，接包方主要指发展中国家。

② 卢锋：《服务外包的经济学分析：产品内分工视角》，北京大学出版社 2007 年版。

内置式生产系统内部进行生产的成本，C_{out} 代表外包后进行生产的成本，T_{out} 代表外包产生的交易成本，外包的净利润取决于内部进行生产的成本与外包后生产成本与交易成本的比较，只有内部进行生产的成本大于外包后生产成本与交易成本之和，才进行外包，反之，则不进行外包。所以，外包必须同时具有低生产成本优势和低交易成本优势。外包可以通过比较优势效应和规模经济效应降低生产成本，但外包的交易成本却是不确定的，有效降低交易成本是外包需要着重考虑的重要问题。

20 世纪 70 年代，交易成本理论获得了很大发展，其中，威廉姆森阐述了交易成本理论的两个假定前提：一是人的有限理性。有限理性是针对传统经济理论中"经济人"的假定而言的，传统理论假设人们能够在给定的条件下做出充分的合理的决定。其实，在现实中，交易主体在经济活动中其感知和认识能力是有限的。交易当事人既不能完全搜集事前与合约安排有关的信息。也不能预测未来各种可能发生的变化，因而所签订的合约总是不完全的。若要提高理性程度，就要付出更大的交易费用，以便得到更充足的信息。二是存在机会主义，指的是用各种投机取巧的办法，包括说谎、窃取、欺骗等手段向交易对方提供歪曲的信息来实现自我利益。正是由于人们的有限理性，才使得某些交易者可以利用信息不对称环境或利用某种有利的讨价还价地位欺诈对方。机会主义假设的引入使签约的难度增加，或者说使市场交易费用增加。有限理性和机会主义的存在，导致了交易活动的不确定性和复杂性，使交易费用增加。知识产权保护主要是在发包方与接包方之间建立起相互信任的机制，减少双方在谈判、监控及执行外包合同的过程中所耗费的精力、时间和费用，从而减少交易成本。从成本管理方面来看，外包交易成本可以分为三种类型：（如表2—1）

表2—1　交易成本框架下发生的行为范例①

	发包方	接包方
必要型 交易成本	决策过程	证明其交货能力
	集成和工程再造	证明其交货质量
	签订合同	签订合同
	通　信	通　信
互补型 交易成本	信誉的建立	信誉的建立
	信息搜索	市场营销/了解市场
	通　信	上门服务
	运　输	运　输
双赢或双输型 交易成本	猜　疑	证　明
	监　控	响应监控
	执行合同	执行合同
	调　整	政府支持

其中，双赢或双输型交易成本，即发包方、接包方可以同时节省或支付的交易成本。例如，如果发包方和接包方相互信任，

① 朱晓明等：《服务外包——把握现代服务业发展新机遇》，上海交通大学出版社2006年版，第5页。

那么，在选择、谈判和监控及合同执行过程中，双方都会节省更多的时间和费用。互相之间越信任，节省的成本越多，即实现双赢。互相之间越怀疑，则会产生越多的选择、谈判、监控、执行合同成本，即造成双输。知识产权保护制度的建立和完善有助于发包商克服有限理性的弱点和减少接包商机会主义行为，降低交易的不确定性，实现双赢。有人认为，印度之所以能在 20 多年时间里成长为世界的 IT 外包中心，除了劳动力的高性价比和规模效应外，就是因为印度第一部《专利法》诞生于英国殖民主义者统治时期的 1856 年，其比中国早 100 多年，这给西方国家的一些软件发包方的印象是，知识产权得到了印度政府和企业的多方保护，提供了充分的安全感，[①] 从而实现了双赢。

2. 有助于发包方控制外包风险

服务外包在给发包方带来较高收益的同时，也蕴含着较高风险，外包风险的存在往往使外包的预期收益难以实现。关于服务外包的风险来源国内外学者研究较多，概括起来主要有成本风险、质量风险、管理风险、依赖性风险等。另外，服务外包还有一个重要的风险来源即发包方私有信息的泄露，这些信息包括生产的特有技术、产品设计或者消费者信息，属于发包商的商业机密。如果商业机密泄露，发包商将失去自己的优势，泄密的风险

---

① 陈昌柏：《知识产权战略——知识产权资源在经济增长中的优化配置》，科学出版社 2009 年版，第 180 页。

对发包商来说是巨大的挑战。[①] 离岸服务外包带来的一系列管理制度问题，尤其是在数据安全和知识产权保护上的问题，使得一些发达国家禁止与那些缺乏数据保护法律的国家进行数据交换。例如，欧洲公司在《1995 数据保护条令》的要求下，不得将数据转移或储存在管理制度和强制程序缺失的国家。[②] 美国工业游说团技术网主任 Rich White 说：主管人员一直说他们对什么离岸和什么不离岸非常非常小心，出于显而易见的原因，他们倾向于把东西送往海外，但不在知识产权方面让步。您可能永远不会做离岸外包业务，除非您确认将获得与在任何其他您希望的地方同等的质量。并且尽管那样，您如果不能确认您可以保护您的知识产权，您也不会这样做。[③] 知识产权保护和信息安全是制约服务外包的最重要的因素之一。接包方知识产权保护水平的提升有助于发包方控制商业机密泄露等外包风险。

3. 有助于发包方巩固竞争优势

强化核心竞争力是服务外包的根本利益所在。而发包方强化其核心竞争力主要是通过知识产权保护巩固其创新优势。目前服务外包发包方主要是美、日、欧等发达国家，他们的竞争优势主要来源于创新优势。迈克尔·波特把国家经济增长划分为四个依

---

① 汪应洛：《服务外包概论》，西安交通大学出版社 2007 年版，第 70 页。

② UNCTAAD, *World Investment Report 2004*, *The Shift Towards Services*, 2004.

③ Donna Ghelfi, "*The 'Outsourcing Offshore' Conundrum: An Intellectual Property Perspective*", 2005.

次递进的阶段。(如表2—2)

表2—2　波特的经济增长阶段理论

	资源驱动阶段	投资驱动阶段	创新驱动阶段
经济发展水平	低等收入水平	中等收入水平	高等收入水平
竞争优势源泉	基本资源要素，如低成本劳动力等，即资源驱动	生产标准产品和提供服务的效率，即投资驱动	在全球技术前沿的创新，即创新驱动
利润性质	平均利润	平均利润	平均利润+垄断利润
竞争优势级差	低　级	中　级	高　级
生产要素条件	初级生产要素，如劳动力	初级生产要素，如资本	高级和专业生产要素
生产要素的可获得性和可模仿性	容　易	较容易	难
企业基本战略	低成本领先战略，价格是最主要的竞争手段	低成本领先战略，通过规模效应获得价格优势	差异化战略
企业技术来源	进口、外国直接投资和模仿	进口、外国直接投资和模仿，但有吸收和改进能力	自我创新
全球产业价值链中的影响力	作用低，占据附加值低的制造环节	作用增强，通过OEM占据制造环节	对整个价值链有控制权，占据附加值高的营销和研发环节
优势产业	集中在装配、劳动密集型制造和资源开采	集中在制造和外包服务出口	服务业在整个经济中占有非常高的比重
典型国家或地区	中国大陆	中国大陆、中国台湾	美　国

资料来源：谭力文、刘林青等：《跨国公司制造和服务外包发展趋势》，人民出版社2008年版，第242页。

其中前三个阶段是资源驱动阶段、投资驱动阶段、创新驱动阶段。在不同的发展阶段，其竞争优势的来源是不同的。处于资源驱动阶段，其竞争优势主要来源于基本资源要素，如低成本劳动力等；处于投资驱动阶段，其竞争优势主要来源于生产标准产品和提供服务的效率，即投资驱动。处于创新驱动阶段，其竞争优势的源泉主要是在全球技术前沿的创新。这三种竞争优势因其可获得性和可模仿性的不同形成竞争优势级差，其中创新优势的级差为最高级，美日等服务外包发包方主要是利用其创新优势推动全球价值链外包体系的形成，并运用知识产权在全球布局，占据附加值较高的营销和研发环节，对整个价值链拥有控制权，获得垄断利润。

在现有国际秩序下，微笑曲线的左边是技术创新为特征的研发环节，并通过专利、版权等知识产权加以保护；而微笑曲线的右边则是以创意、创新为特征的营销环节，并通过商标、版权等知识产权加以保护；而在曲线的底部却没有相应的垄断权保护措施。知识产权大战背后的实质是对国家竞争优势制高点——创新优势——的争夺①。美国等发达国家不遗余力地推行知识产权战略，巩固其竞争优势。美国的对外知识产权战略经历了从单边措施——美国关税法 337 条款到双边措施——美国贸易法 301 条款再到多边措施——与贸易有关的知识产权协议的演变，知识产权保护也由单纯的法律保护问题变为与国际贸易等经济问题息息相关的重要因素。加入世界贸易组织的所有国家都有义务遵守《与贸易有关的知识产权协定》的规定，不履行《与贸易有关的

---

① 谭力文、刘林青等：《跨国公司制造和服务外包发展趋势》，人民出版社 2008年版。

知识产权协定》规定的保护知识产权义务的国家就不能够参与自由贸易。1996 年 28 个发达国家 9 亿人执行的知识产权制度，到 2006 年激增到 196 个国家 57 亿人的知识产权制度。[①] 知识产权战略是发包方巩固竞争优势，进而强化核心竞争力的重要战略。

三、《与贸易有关的知识产权协定》对国际服务外包接包方的影响

随着离岸外包的兴起，知识产权保护成为南北双方共同关注的焦点问题。《与贸易有关的知识产权协定》推动了知识产权保护的国际化进程，有助于提升知识产权保护水平。但是知识产权保护水平的提升更有利于发包方，美日等服务外包发包方主要是利用其创新优势推动全球价值链外包体系的形成，并运用知识产权在全球布局，占据附加值较高的营销和研发环节，对整个价值链拥有控制权，获得垄断利润。提升知识产权保护水平能最大程度地维护发包方的利益。但从目前关于知识产权保护争论的主流观点来看，认为提升知识产权保护水平会使发展中国家受损，如果发展中国家缺乏知识产权保护的内在动力机制，知识产权保护水平得不到有效提高，将会影响国际服务外包发生的深度与广度。本书将从承接服务外包与接包方自身经济发展两个视角分析

———————————

① 陈昌柏：《知识产权战略——知识产权资源在经济增长中的优化配置》，科学出版社 2009 年版。

知识产权保护水平提升对接包方的影响。

1. 有利于提升接包方的区位优势

随着经济全球化的深化和科学技术的进步，各个国家的知识产权保护力度不断加强，知识产权保护水平呈现高度化的趋势。知识产权保护水平的高低成为发包方进行区位选择考虑的关键因素，知识产权水平的高度化成为影响承接服务外包的重要区位优势。如 Theodore Ling 认为，加拿大由于在知识产权保护、劳工制度、数据隐私等方面的法律与美国有很大的相似性，加上从中国、印度等国移民的大量进入，从而使得加拿大在获得美国近岸外包业务上有很大的优势。① Cutter Consor-tium 公司的高级咨询人员 Ian Hayes 认为，企业开展离岸外包时需要考虑项目的管理、基础设施、知识产权和贸易机密的安全性等多方面的问题。② NOSSCOM（印度软件业和服务公司协会）认为，适宜的离岸外包协议模式选择主要取决于三个主要因素：项目的种类（复杂程度、知识产权损失的风险）、能够找到具有必要规模和级别的第三方服务提供商来完成项目、解决全球项目的管理能力。③ 江小涓认为完善的知识产权保护立法是促进印度外包发展的主要因素。

---

① Theodore Ling, "*Outsourcing to Canada: Legal and Tax Considerrations*", 2004.

② Wendell Jones, "*Offshore Outsourcing: Trends, Pitfalls, and Practices*", Executive Report, Vol.4, from www.cutter.com, 2003.

③ NOSSCOM：《战略评估 2005》，www.NOSSCOM.org，2005。

2. 有利于接包方增强自主创新的能力

加强知识产权保护，有利于接包方提升承接国际服务外包的区位优势，但同时接包方模仿难度加大，接包方是否存在提高知识产权保护水平的内在动力机制，下面运用理论模型[①]对知识产权保护的福利分配进行进一步分析。

假设接包方可以选择知识产权保护水平 β，$\beta \in [0, 1]$，β 越大表示保护越强，$\beta = 0$ 表示没有保护，$\beta = 1$ 表示完全保护。

该国的经济发展水平（技术能力）为 θ，$\theta \in [0, 1]$，θ 越大表示经济发展水平越高和技术能力越强。

为建立一个包含模仿行为和创新行为的模型，假设该国只有两个部门，一个外企部门和一个本地部门，分别命名为 A 和 B。

外企部门 A 由发包方企业 F 和接包方企业 D 组成。发包方企业 F 拥有知识产权，因此他能生产出比接包方企业质量更高的产品，产品质量为 uF，接包方企业 D 也在 A 中进行生产，并只通过模仿发包方企业的技术提高其产品质量，其模仿能力有赖于该国的知识产权强度，其产品质量为：

$uD (\beta; \theta) = uo + UF\phi (\theta) [1 - \alpha (\beta)]$

其中：$V\theta$, $0 \leq \phi (\theta) \leq 1$, $\phi' (\theta) > 0$, $\alpha (\beta) \geq 0$, $\alpha' (\beta) \geq 0$, $\alpha (1) = 1$, 而且 $0 \leq uo \leq UF (1 - \phi (1))$。$\phi (\theta)$

---

①　模型主要参考美国科罗拉多大学 Thitima Puttitanum 的博士论文 Essays on Intellectual Property Rights, Innovation, and Technology Transfer, University of Colorado, 2003.同济大学许春明的博士论文：《知识产权制度与经济增长的机制研究》，2008 年。

是 D 的模仿能力，随着 θ 的提高而提高；α（β）是模仿难度，随着 β 的提高而提高，β＝1 时，模仿难度最大，即如果知识产权完全保护，D 就不能模仿 F 的技术。如果知识产权保护越弱，D 通过模仿获得的质量改进越大，但是，即使没有知识产权保护，D 也无法达到与 F 相同的技术水平。A 中的所有企业的单位固定成本为 $CA \in [0, uo]$。

本地部门 B 由两家本地企业 L 和 M 组成，其中 L 从事创新活动以提高产品质量，另一家企业 M 只模仿新技术。L 企业的产品质量为 v（z；θ），其中 z≥0 是 L 在质量改进上的投入（即 R&D 投入），而且，Vθ，φv（z；θ）/φz>0，φv（∞；θ）/φz>0，φ（φv（z；θ）/φz）/φz<0，φv（z；θ）/φθ>0，φ（φv（z；θ）/φz）/φθ<0。L 企业的产品质量随着投入的增加而提高，但提高速率递减；L 企业的产品质量也随着技术水平的提高而提高，而且提高速率递增。

企业 M 也在 B 内生产，其产品质量为：

vM（β；θ）＝v（z；θ）－γ（β）（v（z；θ）－vo）

其中，Vθ，vo≥0，γ（0）>1/φv（0；θ）/φz，γ′（β）>0，γ（1）＝1.γ（β）为模仿难度，随着 β 的提高而提高。β＝0 时，模仿难度最小，为技术本身存在的技术模仿难度 γ（0）；β＝1 时，模仿难度最大，即如果知识产权完全保护，M 就不能模仿 L 的技术，其产品质量为 vo。为不失一般性，令 vo＝0，因此：vM（β；θ）＝v（z；θ）（1－γ（β））B 中的所有企业的单位固定成本为 cB = 0。

　　加强接包方知识产权保护使两个部门的模仿都更加困难，但是对国家社会福利的影响却是不同的。在外企部门，更少的模仿意味着本地企业产品质量的降低以及相对于外国企业的更弱的市场竞争力和外国企业产品更高的价格。这就使消费剩余和本国社会剩余减半，导致社会福利损失。而在本地部门中，更少的模仿意味着对投资于高质量技术和产品的本国创新企业的激励，导致更多的有效投资和更高的社会剩余，增进社会福利。因此，接包方在选择其最优知识产权保护水平的依据就是均衡在外企部门的社会福利损失和在本地部门的社会福利收益。

　　按照博弈论，整个博弈过程可描述为：政府首先选择知识产权保护水平 β，然后企业 L 选择其 R&D 投入 z，这样，所有企业的产品质量就能确定，接着，博弈就转移至产品价格竞争阶段，企业 F 和 D 在 A 中同时选择他们产品的价格进行竞争，企业 L 和 M 在 B 中同时选择他们产品的价格进行竞争，最后，消费者据此作出购买选择。

　　在价格竞争阶段，每一部门有唯一纳什均衡解，企业 F、D、L 和 M 的均衡价格分别为：

PF = CA − uo + UF［1 − Φ（θ）［1 − α（β）］］，PD = CA

PL = CB + γ（β；θ）v（z；θ），PM = CB

在 A 中所有消费者从 F 购买，在 B 中从 L 购买。

　　接着，我们确定 L 对 z 的均衡选择 z＊（β；θ）。L 的产品利润为：

$$\pi L = N [(cB - \gamma(\beta)xz) - cB] - z = N\gamma(\beta)v(z;\theta) - z$$

令 $\varphi\pi L / \varphi z = 0$，可得出利润最大化时的最优 R&D 投入 $z*$ $(\beta;\theta)$：

$$\frac{\partial \pi^L}{\partial \pi} = N\gamma(\beta)\frac{\partial \nu(z;\theta)}{\partial z} - 1 = 0$$

因此，最优 $z*(\beta;\theta)$ 的均衡条件为：

$$(\beta)\frac{\partial \nu(z*(\beta;\theta);\theta)}{\partial z} = 1$$

本地企业创新与知识产权保护水平和技术能力水平之间的关系采用隐函数微分法则，可得：

$$\frac{\partial z*(\beta;\theta)}{\partial \beta} = -\frac{\gamma'(\beta)(\partial v(z*(\beta;\theta);\theta)/\partial z)}{\gamma(\beta)(\dfrac{\partial(\partial v(z*(\beta;\theta);\theta)/\partial z)}{\partial z})}$$

$$\frac{\partial z*(\beta;\theta)}{\partial \theta} = -\frac{\dfrac{\partial(\partial v)(z*(\beta;\theta);\theta)/\partial z)}{\partial \theta}}{\dfrac{\partial(\partial v(z*(\beta;\theta);\theta)/\partial z)}{\partial z})}$$

由于 $\gamma(\beta) > 0$，$\gamma'(\beta) > 0$，$\partial v(z;\theta)/\partial z > 0$，$\dfrac{\partial(\partial v(z;\theta)/\partial z)}{\partial z} < 0$，

所以：$\dfrac{\partial z*(\beta;\theta)}{\partial \beta} > 0$

由于 $\dfrac{\partial(\partial v(z;\theta)/\partial z)}{\partial \theta} > 0$，$\dfrac{\partial(\partial v(z;\theta)/\partial z)}{\partial z} < 0$，

所以：$\dfrac{\partial z*(\beta;\ \theta)}{\partial \theta}>0$

结论：由此可以得出：本地企业的最优创新投入随知识产权保护水平和技术能力水平递增。具体而言，本地企业的最优创新投入 z 的大小取决于竞争者的模仿程度和本身的质量改进效果，前者由知识产权保护水平 β 决定，后者由技术能力水平 θ 决定。知识产权保护水平 β 越高，本地企业的最优创新投入 z 越大；经济发展水平（技术能力水平）θ 越高，本地企业的最优创新投入 z 越大。

所以，接包方加强知识产权保护在遏止本国模仿的同时也激励本国创新。即使没有来自发包方的压力，接包方为激励本国创新也依然会加强知识产权保护。接包方加强知识产权保护有其促进创新的内在动力，而并非仅仅是因为来自发包方的压力而强化知识产权保护。

第三节　本　章　小　结

GATT 乌拉圭回合谈判的两项重要成果——《服务贸易总协定》和《与贸易有关的知识产权协定》确立了 WTO 对服务贸易和知识产权保护的多边规则，这两项重要成果有助于推动国际服务外包发展。

国际服务外包是通过外包这一特定交易方式实现的特殊国际

服务贸易。依据 WTO 关于服务贸易的定义，国际服务外包主要包括三种形式：一是通过跨境交付实现的国际服务外包；二是通过商业存在实现的国际服务外包；三是通过自然人移动实现的国际服务外包。但同时也存在三种国际服务外包壁垒。《服务贸易总协定》把最惠国待遇和国民待遇原则运用到服务贸易领域，并由各缔约方在市场准入方面提出各自的减让表。《服务贸易总协定》的自由化导向有助于降低国际服务外包壁垒，推动国际服务外包发展。

国际服务外包发包方对接包方知识产权保护的有效性极为敏感，《与贸易有关的知识产权协定》推动的知识产权保护国际化进程有助于提升接包方的知识产权保护水平，进而维护发包方的利益，推进国际服务外包进程。接包方知识产权保护水平的提升对国际服务外包发包方主要有以下几方面的影响：一是有助于发包方降低交易成本，二是有助于发包方控制外包风险，三是有助于发包方巩固竞争优势；加强知识产权保护有利于提升接包方的区位优势，同时接包方也有提升知识产权保护水平增强自主创新的内在动力。

第三章　主要发包国家的相关制度与国际服务外包

美欧日等发达国家和地区是中国服务外包传统的主要国际市场，2016年承接这些地区发包市场的服务外包执行额3086亿元，同比增长19.3%。美国依旧是最大的发包国，欧洲是主要发包市场中增长最快的地区，国际市场逐渐从美、欧、日拓展到东南亚、大洋洲、中东、拉美和非洲等201个国家和地区。随着"一带一路"国家战略的实施和我国传统产业尤其是制造业的转型升级，"一带一路"相关国家服务外包业务加速释放，在岸市场规模快速增长，中国服务外包产业有望形成发达国家、新兴国家和国内市场"三位一体"的产业新格局。

下面主要从国家制度层面分析主要发包国进行服务外包的动因及相关制度对国际服务外包的影响。

第一节 美国的相关制度与国际服务外包

一、美国劳动力供给的制度约束与国际服务外包

从目前最大的发包方美国来看，进行服务外包的动因除了获取劳动力的成本优势之外，一个重要原因是弥补国内劳动力供给的不足。

1. 美国教育约束及严格的科技移民政策制约了劳动力的供给

20 世纪 80 年代中期至 20 世纪 90 年代中后期，美国完成了新一轮的产业结构调整，以信息产业为主导的高技术产业迅速发展，到 2000 年，共有信息业企业 13.3 万家，雇员近 355 万，其中，软件业发展最快，成为美国最具竞争力的产业，2000 年，美国软件和相关服务的产值达到 2456 亿美元，是 1992 年的 3.3 倍。高技术产业群也由以高技术制造业为主转向以高技术服务业为主，美国的服务业从劳动密集型转入到技术、信息密集型的新发展时期。由于高技术服务业的快速发展，使服务业就业人数在高技术产业中的份额从 1988 年的 28% 增加到 1996 年的 39%。围绕信息技术等高科技出现的大批服务行业兴盛，形成了对劳动力的巨大需求。①

---

① 戴炳然等：《制度变迁与结构调整：90 年代以来大国经济发展轨迹》，山西经济出版社 2006 年版。

为了增加劳动力的供给，美国政府增加了联邦政府社会中人力资本的投资，提高了教育、职业培训和保健的投资力度，例如，联邦政府和地方当局 1997 年对美国初级、中级、高级教育系统的拨款达 4650 多亿美元，联邦科学研究和研制费用达到 735 亿美元，美国重点发展高等教育，每年为高等教育拨款达上千亿美元，90 年代末达到 1450 亿美元。但是从 20 世纪 90 年代以来，美国在公立大学的投资增长始终落后于通货膨胀，相反，学费却越来越高。[1] 据 Brookings Institution 的调查结果显示，2000 年美国对高等教育的投资比例从 1977 年的 7.3% 降至 5.3%。美国获得工科学位的人数从 1985 年的 76200 个下降到 2002 年的 60600 个；1995—1999 年，在中国和欧盟颁发的工科学位分别增长 37% 和 22%，而同期美国的这一数字下降了 4%；1999 年，美国的科技领域共颁发 22 万个学士学位证书，而中国和印度则分别颁发了 32 万和 25.1 万个证书。在未来 20 年内，中国和印度两国的大学生升学率将逐步提高，并且最终将赶超美国 32% 的升学率。[2] 同时，进入 21 世纪，美国的科技移民政策开始严格限制到美国工作的外国研究人员数量。这就使许多领域的高技术工作得不到足够数量的人员。

---

① 彭醒、张婷：《服务外包发展的动因、趋势和中国的对策分析》，《法商论丛》2008 年第一卷。

② 国际外包中心、商务部培训中心联合编著：《国际外包理论与战略》，经济管理出版社 2008 年版。

2. 通过国际服务外包弥补劳动力供给不足，实现资源互相依存

美国教育约束及严格限制科技移民的政策加剧了高技术工作的离岸外包。从这一视角来看，美国国际服务外包的动因是为了实现资源的相互依存。我们运用费佛尔和萨兰奇科的资源依存理论进行分析。

费佛尔和萨兰奇科在其资源依存理论中提出了 4 个重要假设：①组织最重要的是关心生存；②为了生存，组织需要资源，这些资源包括人员、资金、顾客、技术和物资等，而组织自己通常不能生产这些资源；③组织必须与它所依存的环境中的因素互动，这些因素通常包含其他组织；④组织生存建立在一个控制它与其他组织关系的能力基础之上。他们认为，一个组织对另一个组织的依存程度取决于 3 个决定性因素：①资源对于组织生存的重要性；②组织内部或外部一个特定群体获得或处理资源使用的程度；③替代性资源可获取性。如果一个组织非常需要一种专门知识，而这种知识在这个组织中又非常稀缺，并且不存在可替代的知识来源，那么这个组织将会高度依赖掌握这种知识的其他组织。

从上述三个决定因素来看，一是人力资源对美国信息技术产业来说是关键要素。人力资源是企业最重要的资源，但是由于美国不能培养出足够的有全球竞争优势的科技和产业力量。同时由于美国严格限制科技移民政策使美国不能获取更多的国外高科技人才。二是由于印度、中国为首的发展中国家的教育条件和教育水平极大地提高，培养了大批的科技人才，可以弥补美国国内劳动力供给的不足。三是由于信息技术快速发展，美国可以通过跨境交付等方式获取替代资源。从而使美国与印度、中国等外部组织建立伙伴关系，实现共生性互依。

二、美国的服务外包政策与国际服务外包

美国国际服务外包迅速发展的另一个重要原因是美国政府对国际服务外包持支持态度。但是，美国的服务外包政策也存在波动，在一定程度上对国际服务外包发展带来不利影响。

1. 适宜的政策环境促进了美国国际服务外包的发展

美国在 1963 年率先实行"生产分享项目"，通过特殊免税措施鼓励某些生产工序拆分到其他国家进行，这一政策的关键点是对在国外全部或部分利用美国出口部件和某些中间产品组装的产品，在经过国外加工环节返回美国时，可以享受减免关税待遇。从而带动发达国家通过加工贸易和外包，利用国际和全球范围内的资源应对经济结构升级的挑战，这一开放导向的经济战略与信息技术革命相呼应为 20 世纪 90 年代经济全球化的蓬勃发展和国际服务外包的兴起提供了适宜的政策环境。[①] 在 20 世纪 90 年代的十年中，美国国会从原来对过度使用私营承包方的批评态

---

① 卢锋：《服务外包的经济学分析：产品内分工视角》，北京大学出版社 2007 年版。

度，转变成了支持态度。为了迎接外包，克林顿政府于 1998 年通过了《联邦活动修改法案》。该法案在 1999—2004 年间为承包方带来了约 340 亿美元的商业机会。白宫预算和管理办公室一直以来都在严密跟踪政府的外包，并于 1996 年在举行服务管理大会的同时举行了有关外包的论坛。白宫预算和管理办公室简述了一项新的政策 A—76，其中对美国政府的外包程序作出了规定。办公室强调该程序并不是就此认定外包是政府提供服务的最佳途径，而是让政府能够选择最佳的服务方式。2001 年，布什政府预算和管理办公室发表了一项备忘录，要求政府机构和私营企业一起竞争 5% 的政府工作，后来这个比例上升到 50%。这个新的动向正是冲着 IT 来的。[①] 2008 年 10 到 11 月间，NASSCOM 组团在美国行业协会的帮助下，走访了印度产业最大的 50 个美国买家，同时访问了奥巴马的竞选班子。美国买家表示，在本次经济危机过后，会拓宽服务外包的行业领域，并进一步加大离岸业务份额。奥巴马的竞选班子承诺，不会限制美国服务外包买家的离岸服务采购。[②]

美国政府对服务外包的支持态度，促进了美国国际服务外包的发展，2006 年，以美国为主导的北美服务外包市场为 1716.6 亿美元，占全球份额的 49.2%。2007 年财政年度，美国软件与

---

① ［英］伊恩·本、吉尔·珀斯著：《外包制胜》，陈瑟译，人民邮电出版社 2004 年版，第 186—187 页。

② 曲玲年：《全球经济危机、服务外包市场和企业对策》，中国服务外包网。

IT 产业的市场规模达到 4000 多亿美元，占全球市场销售额的 40%，其中离岸份额接近 950 亿美元，占据全球软件外包市场的 64%。2008 年美国仍是全球第一大服务需求市场，占有全球 36% 的市场份额，从离岸业务角度看美国的份额超过 50%。美国是极具成长潜力的离岸市场。

2. 美国服务外包政策的波动对国际服务外包产生不利影响

美国政府对服务外包主要持支持态度，但是美国外包政策也曾发生一些波动。2002 年 12 月，美国新泽西州初步通过一项议案：今后政府部门的工作一律不外包给非美国公民，不管是软件设计还是呼叫中心。2004 年 1 月，美国前总统布什签署一项法案，阻止财政部和交通部的合同外包给印度等其他国家。① 2004 年 3 月，美国国会 50 多名众议员提交法案，对外包项目的美国公司不给予政府融资支持和贷款担保，并要求美国公司在贷款申请中提交国内及海外员工人数变化情况，对本土员工降低大于海外员工增加的不予批准。但是美国联邦政府并没有在全国范围内对商业领域的外包实施管制。特朗普上任后，掀起"反对全球化"的浪潮，贸易保护主义对服务外包发展带来非常大的不确定性。

美国关于服务外包政策波动的深层次原因主要是基于国际服务外包的经济效应。关于国际服务外包的经济效应，大部分学者

① 谭力文、刘林青等：《跨国公司制造和服务外包发展趋势》，人民出版社 2008 年版。

认为国际服务外包对美国具有正面经济效应。服务外包对美国国内就业状况并未产生负面效应或影响微乎其微。如：Mann（2004）对美国 IT 业部门进行研究，指出随着 IT 外包的增加，IT 外包将会产生较高的收益，IT 行业的就业水平也呈增长的趋势，所以服务业外包并未削弱外包部门的就业状况。Amiti and Wei（2005a）的实证检验发现，服务业外包对就业的消极影响是非常小的。并且普遍认为服务外包对劳动生产率会产生正效应。Amiti and Wei（2005）通过对美国相关数据的研究认为服务外包与劳动生产率之间存在较强相关性。Feenstra（2003）对美国进行了实证研究，结果证明外包增加对技术型劳动的相对需求。Mary Amiti 和 Shang JinWei（2004）选取五个服务行业研究 1992 年到 2001 年间服务外包对美国就业和劳动生产率产生的影响，表明美国制造业和服务部门外包的增加与劳动生产率的提高密切相关。

但也有学者认为国际服务外包短期内存在负效应。Gorzig and Stephan（2002）发现在短期服务业外包与生产力呈负相关，而在长期两者呈正相关。另外随着国际服务外包的不断扩展，美国企业将大规模的服务外包出去，从短期来看，将会造成相关行业的就业机会流失。如果劳动力在部门之间是完全流动的话，那么一个部门中劳动力的流失将会在另一个部门得到补偿。但是劳动力市场存在黏性，那么外包至少在短期内会导致就业净流失。如表 3—1 反映出美国一些大公司向国外输出就业机会的情况：

表 3—1　部分美国公司向外国输出就业数目①

公司名称	输出就业数目和输出国	输出工作类型
Accenture	到 2004 年向菲律宾输出 5000 个就业机会	会计、软件
GeneralElectric	2003 年向印度和中国输出 20000 个就业机会	航空业、医药研发
Intel	到 2006 年向印度输出 3000 个就业机会	芯片设计和技术支持
Microsoft	2003 年向印度和中国输出 500 个就业机会	软件设计、工厂支持
Oracle	已向印度输出 4000 个就业机会	软件设计和技术支持
Philips	已向中国输出 700 个就业机会	消费者电器研发

资料来源：Business Week.

如果各个行业都输出就业机会的话，就会对整个国家的就业状况产生大的负面影响。如表 3—2：

表 3—2　美国部分行业向国外输出就业数目

行　业	到 2005 年	到 2010 年	到 2015 年
建　筑	32000	83000	184000
电　脑	109000	277000	473000
法　律	14000	35000	75000
生命科学	3700	14000	37000
管　理	37000	118000	288000

数据来源：Forrester Research Inc.

国际服务外包存在的短期负面效应是美国服务外包政策波动的深层次原因。这一负面效应有时被某些利益集团作为政治工具，如 2004 年，民主党候选人约翰·克里建议通过立法取消那

---

① 见龚雪、高长春：《服务外包对外包国就业的影响》，《企业经济》2005 年第 12 期，下表同。

些将工作转移到海外的公司的税收减免，将反对外包作为其政治纲领中就业部分的主题。而布什及其拥护者则支持服务外包，各派政治家及经济学家围绕服务外包问题进行了激烈的争论。但美国大选的最终结果还是坚决反对外包的克里落选，而对外包持谨慎态度的布什留任。在全球服务外包发展的过程中，发包国时不时地会出现反对"服务全球化"的浪潮，出现政策的波动，从而对国际服务外包带来不利影响。

第二节　日本的相关制度与国际服务外包

日本是全球 IT 外包第二大转移国，但其离岸软件外包兴起的时间比美国晚，业务仍停留在软件详细设计与代码转换阶段。目前，离岸服务外包总规模只占日本软件服务市场的几个百分点。

一、日本的长期雇佣制度与国际服务外包

1. 日本长期雇佣制度日益显现的弊端使日本企业倾向于服务外包

第二次世界大战后，日本企业实行了新型的劳动雇佣制度，其主要特点如下：①学生在学校毕业的同时进入企业，在企业内接受教育和训练，并能在该企业工作到退休。②当经济萧条来临时，企业不是轻易的解雇职工，而是通过种种方法维持就业，直

至经济回升。③即使企业内出现结构性过剩人员，企业一般也是通过扩大营业部门、开发新产品和向新的产业领域发展等措施，尽可能地吸收剩余人员。④职工只要不犯大错或不无故旷工，通常不会被解雇，企业一般也不会因该职工的工作效率不高或不能胜任本职工作而任意解雇职工。⑤对于不能胜任本职工作的职工，企业一般会通过企业内的教育和训练提高其工作能力，或通过再训练，将其安排到合适的岗位上去。但是，长期雇佣制度只适用于大企业和部分中小企业的正式职工。对短工、临时工等非正式职工是不适用的。这种长期雇佣制度曾对日本经济发展产生了积极影响，但是，随着 20 世纪 90 年代以来信息技术的迅速发展以及由此而带来的产业结构的大调整，长期雇佣制的弊端日益显现，一方面，由于实行长期雇佣制度及年功工资制度，随着企业内部职工加速老龄化，企业工资成本上升。另一方面，由于日本经济长期处于低迷状态，日本企业极力控制招收年轻的职工，导致生产效率下降。随着经济环境的变化，日本的长期雇佣制的适用范围也许会逐渐缩小到企业的核心职工，企业将会在更大程度上使用临时工、短工、委派劳动者等企业外的劳动力资源。①在工资成本上升和生产效率低下的双重压力下，日本企业倾向于外包。例如，在人事管理中工资计算是十分繁琐的工作，日本一些中小企业在承担这项工作的员工退休后，不再雇佣新的员工，

---

① 戴炳然等：《制度变迁与结构调整：90 年代以来大国经济发展轨迹》，山西经济出版社 2006 年版。

于是就采用外包的方式，传统的工资明细表格式各企业均不相同，要处理的人事变动数据和检查的事项很多，内部自己完成需要花费较大的费用。但是，在实行了外包以后，各企业均采用了服务企业提供的统一格式，计算更加简单方便，同时也提高了标准化水平。① 但是，日本的外包业务仅限于低端环节。在日本跨国公司的金字塔型外包模式中，仅将价值链环节中某些细小的、具体的服务功能外包出去，仅限于交易处理、代码转换及软件测试等，利用国外廉价劳动力在这些业务方面的娴熟技能。而美国跨国公司常常将不影响企业核心能力的价值链环节整体外包。②

2. 日本长期雇佣制度的深层影响使日本的服务外包很不彻底

与美欧进行国际服务外包相比，长期雇佣制度的深层影响使日本企业的国际服务外包具有很强的不彻底性。根据近年来日本企业实行外包情况的调查来看，大多数企业在外包上留有余地，比如原业务部门在外包后仍然没有废除，采用公司分解方式开展外包的例子几乎没有。③ 企业进行外包的重要动因是通过获取廉价的熟练劳动力达到降低成本、提高效率的目的，但是日本企业由于实行长期雇佣制度，企业即使将一部分业务外包出去造成结

---

① 国际外包中心、商务部培训中心联合编著：《国际外包理论与战略》，经济管理出版社 2008 年版。

② 谭力文、刘林青等：《跨国公司制造和服务外包发展趋势》，人民出版社 2008 年版。

③ 国际外包中心、商务部培训中心联合编著：《国际外包理论与战略》，经济管理出版社 2008 年版。

构性过剩人员，也不能随意解雇员工，一般是通过退休等自然减员、企业内部重新调整和将剩余人员转到下属子公司和合作者那里等办法，来达到减少人事费用和提高工作效率的目的，这使企业通过外包降低成本、提高效率的效果大打折扣。

二、日本服务外包政策与国际服务外包

日本政府对服务外包基本持鼓励态度，促进了服务外包的发展。但是，受长期雇佣制等传统观念的影响，服务外包在日本发展较慢，即使在金融危机和长时间的经济停滞局面下，长期雇佣制难以维系，但仍深刻影响着所有日本企业，为了缓解就业压力，在政府的号召下，日本跨国公司将其绝大多数主要工作留在国内。① 1996 年的亚洲金融危机打破了日本实行多年的终身雇佣制度，改变了日本人的工作态度，使外包变得普遍起来。2006年日本又通过一部鼓励外包的新法律，将全面外包政府公共服务。在经济低迷的背景下，日本企业间也展开了生死攸关的企业改革竞争，对营业、采购、生产、投资管理、新型领域开拓等环节的商业模式都进行了重组，信息技术作为企业效率革命的工具备受关注，由此日本软件和服务外包增长迅速。

但是，在日本离岸服务外包企业之间存在金字塔型紧密关系。例如在离岸软件服务外包领域，作为一级服务承接方直接从

---

① 谭力文、刘林青等：《跨国公司制造和服务外包发展趋势》，人民出版社 2008年版。

最终客户那里承接项目，进行总体设计和任务模块分割后，将各模块工作再转移给多个二级接包企业，然后再进行第三次、第四次转移，当任务细分到这一层次后可能实行离岸外包。所以日本的软件离岸外包业务多数属于三级接包或四级外包。日本转移方企业选择服务承接方时，要求一级服务承接方具有很好的行业知识、业务咨询能力，对用户的业务细节非常了解并有良好的信任度。因此，国外厂商很难成为日本一级服务承接方，在日本，能够作为一级服务承接方承接大型客户系统开发的企业只有 30 多家，如 NEC、索尼和富士通等，一些企业往往控制着软件设计等高端业务量较高的会计业务，但以低技术含量业务为主。

第三节　欧洲主要国家的相关制度与国际服务外包

除英国外，欧洲的离岸服务外包业务开展得较晚，然而近几年欧洲服务外包市场得以飞速发展，2006 年全球软件发包市场规模中，欧洲的发包市场规模为 82.1 亿美元，占全球发包份额的 15.8%。欧洲的软件外包市场大幅增长，从 2006 年的 82.1 亿美元上升到 2010 年的 120.3 亿美元，年均复合增长率达到 10%。尤其是英国、北欧、荷兰等信息成熟度较高的国家，未来几年内将普遍扩张其软件外包的支出。软件外包将是未来五年欧洲企业 IT 服务支出增长最快的领域。

一、欧洲国家的法规约束与国际服务外包

欧洲国家的法规约束限制了国际服务外包的发展。欧洲国家尤其是德国、法国和荷兰的跨国公司在开展离岸服务外包的过程中，受到各自严厉的法规约束和自身市场情况的限制。欧洲国家的法律大多规定企业不能随意解聘雇员，而工会又不断要求增加工人工资、减少劳动时间等福利待遇。随着美国、日本等国企业由于采用离岸服务外包增强了竞争优势，德国等欧洲国家的政府和工商企业采取措施，积极寻求获得工会方面的让步，以降低劳动力成本，并重新制定法律，实行各种经济改革，为离岸服务外包铺平道路。目前，离岸服务外包对许多欧洲跨国公司来说虽然是合法的，但仍受到各国政府的严格控制，以防止高新技术的外溢及大规模工作岗位的转移等。

二、德国的服务外包政策与国际服务外包

从离岸服务外包业务的销售量来看，德国也是目前欧洲很重要的市场，2004 年德国获得外包合同的总价值占全球的 12.5%，从国家看仅次于英国和美国。德国兴起 BPO 的离岸服务外包，其中有 60% 的海外工作移往东欧。东欧地区如斯洛文尼亚、爱沙尼亚的低成本工作很具竞争优势，每小时的工资成本仅为德国西部的 $\frac{1}{10}$ — $\frac{1}{3}$。

　　德国服务外包的发展主要在于德国政府对服务外包经济效应的重新认识，迈肯锡的一份研究报告显示与美国每一美元外包投入带来近 1.5 美元的产出相比，德国每一欧元的支出平均仅创造 0.80 欧元的价值。德国公司的收益明显低于美国公司。德国由此不再将服务外包视为对经济的威胁，而将其看成是德国企业、消费者和股东面临的重要机遇。德国政府清楚地认识到，企业将业务外包出去可以提高盈利和竞争力，并能保住剩余的现有岗位，使公司可更多地投资于下一代技术及业务创意，从而在未来创造更多的就业机会。保护现有的部分岗位而不外包出去，可能意味着，一旦企业丧失了竞争力，德国将在今后失去更多的工作岗位。[①]

　　近年来，德国正在采取一些公共政策，鼓励失业工人的岗位转移。这些措施包括工作再培训计划及增加劳动力的迁移性等。为了创造新的就业岗位和提高再就业率，德国政府正努力使劳动力市场更为灵活，并考虑修改阻碍了竞争和变迁的法律法规。德国政府和工商企业正在采取措施，积极寻求获得工会方面的让步，进行劳工改革。另外，德国政府正考虑放宽同样阻碍竞争和变迁的产品市场法规等，这些法规政策的解除将有助于推动服务外包的发展。

---

　　① 谭力文、刘林青等：《跨国公司制造和服务外包发展趋势》，人民出版社 2008 年版。

三、英国的服务外包政策与国际服务外包

英国是欧洲最成熟的 IT 服务市场，在法律、金融、程序管理与咨询等方面保持着最大与最快的增长速度。英国也是最大的离岸服务市场，2004 年英国的外包业务达 250 亿英镑，其中的 25% 左右由海外公司承接。

英国国际服务外包的快速发展主要在于英国的服务外包政策比较宽松，英国政府认为外包是企业自身的商业行为，有权自主决定业务发展的地域所在。英国政府对服务外包的安全性较为关注，在同等条件下，会首先选择法律制度比较健全的国家作为外包目的国。为了提醒英国企业在外包过程不要出现不必要的失误，2005 年 1 月 31 日，英国贸工部信息安全政策组发布了《信息安全：如何外包和使用外部服务的指导性文件》，该文件由前言、外包需求、挑选外包服务提供商、外包合同内容、外包执行与运作、外包合同终止、其他事项、结语等部分组成。该文件仅为普遍性的指导性意见，对英国企业没有法律约束力，主要为英国企业提供了路线图式的外包建议。另外，英国政府部门对 IT 产业外来雇员实行优惠政策，2001—2004 年间，英国颁发了 11 万个 IT 产业外来雇员工作许可，占所有工作许可的 1/5，英国 IT 产业外来雇员工作许可量的 3/4 是因为企业内部业务的跨国转移。基于英国政府宽松的外包政策导向，英国外包业务发展较快，早在 20 世纪 80 年代，英国政府就采用了外包理念，不少外

包业务具有较强的竞争优势，随着经济全球化的深入发展和国际产业分工细化，英国离岸外包业务比在岸外包及近岸外包业务发展更快。随着金融领域政策的放开，外包业务在英国金融业蓬勃发展。目前，大多数英国银行都将他们的现金处理、支票处理和其他曾是核心业务的业务外包了出去。[①]

第四节　"一带一路"国家与国际服务外包

"一带一路"相关国家有望成为新的增长点。新加坡、印度、印尼、马来西亚、巴基斯坦、泰国、阿联酋、沙特、俄罗斯及欧盟主要发达国家已与我国在服务外包领域建立了合作基础，2017 年上述国家将凭借较好的经济发展基础与产业发展环境，成为我国开拓"一带一路"市场的优先级。此外，随着"一带一路"互联互通工程建设的加速推进，我国在中亚、西亚等地区将获得更多工业技术服务、信息化解决方案、专业业务服务需求。安永咨询公司研究报告显示，2018 年中东、北非地区服务外包市场规模预计将达到 70 亿美元，部分经济贸易发展良好的城市如迪拜等已经将服务外包列为重点发展对象。

---

① ［英］伊恩·本、吉尔·珀斯著：《外包制胜》，陈瑟译，人民邮电出版社 2004年版。

第五节　本　章　小　结

目前，国际服务外包主要发包国为美国、日本、欧洲三大经济体。从目前最大的发包方美国来看，进行服务外包的动因除了获取劳动力的成本优势之外，一个重要原因是弥补国内劳动力供给的不足。美国国际服务外包迅速发展的另一个重要原因是美国政府对国际服务外包持支持态度。但是，美国的服务外包政策也存在波动，在一定程度上对国际服务外包发展带来不利影响。

日本长期雇佣制度日益显现的弊端使日本企业倾向于服务外包。与美欧进行国际服务外包相比，长期雇佣制度的深层影响却使日本企业的国际服务外包具有很强的不彻底性。日本政府对服务外包基本持鼓励态度，促进了服务外包的发展。但是，受长期雇佣制等传统观念的影响，服务外包在日本发展较慢。

欧洲国家的法规约束限制了国际服务外包的发展。欧洲国家尤其是德国、法国和荷兰的跨国公司在开展离岸服务外包的过程中，受到各自严厉的法规约束和自身市场情况的限制。英国国际服务外包的快速发展主要在于英国的服务外包政策比较宽松。由于对服务外包经济效应的重新认识，德国政府正在进行法规政策的变革，将有助于推动服务外包的发展。

"一带一路"相关国家有望成为新的增长点。

第四章 接包国的制度因素与国际服务外包发展的理论分析

在服务全球化和国际服务外包迅速兴起的国际背景下，许多发展中国家积极承接国际服务外包，并出台了一系列扶持服务外包产业发展的政策，但是国际服务外包促进接包国经济发展的效应是不确定的，必须伴随国内相关制度的改革和完善。为此，本章引入国内制度因素，并运用制度经济学的分析方法对国内制度变迁的动机、制度变迁的路径及制度选择集合、制度变迁的效应进行分析。

第一节 国际服务外包、制度变迁与经济发展——引入国内制度因素

国际服务外包属于服务贸易的特殊形式，发展国际服务外包推动了接包国服务贸易自由化的进程，但是这一进程能否直接促

进经济发展，下面主要通过目前学术界关于贸易自由化与经济增长关系的观点进行分析。

关于贸易自由化与经济增长的关系，主流观点认为贸易自由化能促进经济增长。Bhagwati and Krueger（1978）在传统的新古典增长理论框架下，认为贸易对于经济增长存在促进作用，但是无法得出贸易对长期经济增长率的影响。Romer（1990）在新增长理论的框架下建立的知识驱动模型从分工的角度解释了贸易开放对贸易国长期经济增长率的正向促进作用。但是也有学者得出相反的结论，Grossman and Helpman（1991）指出，贸易开放能否促进持续稳定的经济增长取决于一国进出口产品的类型，如果贸易壁垒鼓励在投资密集型部门具有比较优势的国家增加该部门的投资时，贸易障碍的存在将会促进长期的增长率，此时自由贸易不利于经济增长率提高。Rodrik（1998）指出开放条件下政府的规模会增加，而一个大规模的政府会扩大资源扭曲的程度，不利于经济增长。

从上述分析可以看出，贸易自由化与经济增长的关系存在不确定性，学者开始关注贸易自由化促进经济增长的约束条件。许多学者开始注意国内制度对贸易自由化经济增长效应的影响。Rodric，Subramanian and Trebbis（2002）研究发现，贸易开放度与制度质量之间存在相互影响关系，开放贸易对制度的影响更大一些，因此开放的贸易很可能通过直接影响制度质量，再间接促进经济增长。Taylor（2002）指出，贸易是在一定的法律、社会和政治结构下进行的，许多发展中国家可能因为政治上的失误、地理上的隔离或者基础制度薄弱而丧失从全球化中获得的收益。尽管有时贸易可以在制度薄弱的环境下发生，但是贸易量远远低于最优水平。最优的贸易需要一个有力的政府提供良好的交易制度环境。英国学者赫勒·迈因特（2002）曾经明确提出研究国际贸易与国际制度框架的问题，他主要运用制度分析的方法考察了东亚的情况，分析了国际贸易在什么样的国内制度框架中才能成为推动经济发展的积极因素。迈因特指出，改善社会基础设施和建立适应广泛分散在农村的小农和小企业家所需要的组织和制度为韩国和中国台湾地区扩大劳动密集型的制造业出口开辟了道路，这些积极的政府政策不仅对韩国和中国台湾地区是重要的，对发展中国家也同样是恰当的。有的学者还从实证分析的角度验证了国内制度因素对贸易自由化促进经济增长作用的影响。Rodriguez and Rodrik（2001）研究发现，由于各种经济政策之间存在严重的多重共线性，要想单独考察单一的贸易政策对经济增长的影响是不可行的，因为一旦加入其他政策变量和制度变量，关税和非关税壁垒同经济增长的相关性就丧失统计显著性或者显著水平。现实中发展中国家进行的贸易自由化也不是孤立的，往往伴随着国内的其他制度改革或宏观政策改革，考察贸易开放政策对经济增长的促进作用离不开对国内其他制度的关注。

从上述文献中我们可以看出，贸易自由化的经济增长效应不仅取决于贸易政策本身，更加依赖于国内其他改革和制度环境。

贸易自由化常常伴随着国内制度的完善和制度改革速度的加快。Rodric（2000）指出，贸易政策改革至今为止对经济发展的最大贡献，就在于它帮助了国内高质量的制度建设。在贸易自由化与经济增长之间引入国内制度因素越来越受到学者的关注。

根据上述观点，本书认为，接包国发展国际服务外包促进服务贸易自由化，其经济发展效应是不确定的，国际服务外包发展的经济效应不仅取决于贸易政策本身，同时也依赖于国内其他改革和制度环境。

第二节　发展国际服务外包进行 国内制度变迁的动机

一、国内制度变迁的动机（一）——追逐外部利润

制度变迁是制度从非均衡到均衡的演化过程，制度非均衡就是指社会主体对现存制度的一种不满意、意欲改变而又未改变的状态。即存在一种可供选择的制度安排和制度结构，社会主体从中得到的净收益大于从现有的制度安排和制度结构中得到的净收益，因而存在一种新的赢利机会，这时就会产生新的潜在的制度需求和制度供给。导致制度非均衡的原因是多方面的：市场规模的变化、技术的进步、偏好变化、制度选择集合的变化、其他制度安排的变迁及随机因素的扰动或冲击。这些因素的变化都会在一定程度上改变原有制度安排或制度结构下的收益总量或收益分

配方式，因而相关博弈主体的利益也会相应的发生改变，从而使得原来的制度均衡变成非均衡。如果博弈参与者的一部分或者全部在潜在制度安排或制度结构下获得的净收益大于他们在现有制度安排和制度结构下获得的净收益，新制度就会产生，从而推动制度的变迁。现有制度与新的制度安排之间可能存在的利润差称作"外部利润"，[①] 国内制度变迁的动机之一就是追逐制度变迁的外部利润。20 世纪 90 年代以来，随着信息技术的进步，服务全球化和国际服务外包迅速发展，许多国家的发展路径发生了相应的变化，融入了服务业转移的大趋势中，相关的利益集团也随之发展壮大，由于政府的偏好和相应贸易政策的变迁，打破了原来制度相对均衡的状态，产生了新的潜在的制度需求，新的制度安排相对于现有制度使部分利益集团获得的净收益较大，外部利润的存在促使新的制度供给产生。当然，制度处于非均衡状态并不一定导致制度变迁，新制度供给能否实现取决于多重因素，关键在于不同利益集团的博弈，包括新制度需求者与旧制度需求者之间的博弈、新制度的需求者与新制度供给者之间的博弈等，博弈的结果关键在于能否较大程度的实现外部利润。

二、国内制度变迁的动机（二）——弱化国内制度壁垒

发展国际服务外包，促进了贸易自由化的深化，但是贸易自

---

① 卢现祥、朱巧玲主编：《新制度经济学》，北京大学出版社 2007 年版。

由化的经济发展效应必须伴随国内相关制度的协调配套改革才能实现，如果阻碍贸易自由化深化的国内制度壁垒较高，其对接包国经济发展的积极影响将会大打折扣，弱化国内制度壁垒，将促使国内制度发生变迁。国内制度变迁不只是某一项具体制度的安排和变迁，还要实现制度结构的均衡，使不同的制度安排之间处于相互协调的状态。在发展国际服务外包的相关制度选择集合当中，人力资源的培育和激励制度是一项重要的制度，因为人力资源是发展国际服务外包的核心要素，如果存在较大的国内制度壁垒，将极大影响服务外包产业发展。我们将以 Chang，Kahani 和 Loayza（2005）的模型①进行分析，说明国内制度壁垒对发展服务外包产业的影响。模型中，假设国内劳动力市场存在扭曲。

　　假设在静态的小国开放经济中有两种消费品，用 i 表示，j＝1，2。这两种商品的世界价格用固定的计价物表示，可以采用简单的柯布——道格拉斯技术在国内生产。生产函数如下：

$$Y_i = A_i L_i^{a_i}, \quad i = 1, \ 2 \tag{5.1}$$

　　劳动是生产中唯一的投入要素。国内企业同质，并在完全竞争的产品市场和要素市场上从事交易活动。利润最大化的原则意味着在每一个生产部门，劳动的边际产品价值与该部门的工资相等，即：

---

　　① Chang, Roberto, Kaltani, Linda and Norman, Loayza.2005. "*Openness Can Be Good For Growth*：*The Role of Policy Complementaries*"，NBER Working Paper 11787.涂红：《发展中大国的贸易自由化制度变迁与经济发展》，中国财政经济出版社 2006 年版。

$$a_i A_i P_i L_i^{a_i-} L_i = W_i \tag{5.2}$$

其中，$0<a_i<1$，P_i 是商品 i 的国内价格，W_i 是商品 i 部门的工资。

贸易政策的存在，使商品 i 的国内价格 P_i 与国外价格 P^* 可能出现偏离。特别是，当商品 i 存在进口关税，则 $P_i>P_i^*$，贸易改革将意味着国内价格与国外价格之间差异的缩小。

不同产业部门的工资水平存在差异，在商品 1 部门存在最低工资。假定最低工资高于商品 2 部门的工资，即：

$$W_1 = W_{min} > W_2 \tag{5.3}$$

根据这个公式，劳动力市场改革包括消除在商品 1 部门存在的最低工资。

整个经济社会的劳动力总供给是 L。劳动力可以自由选择在哪个部门从事生产，但是一旦做出选择，劳动力在两个部门之间不能自由流动。因此，均衡时在商品 1 部门工作的工人数会超过实际所需的工人数，在商品 1 部门存在失业人口 U。假定商品 1 部门提供的工作机会在劳动力之间是随机分布的，工人在商品 1 部门就业的概率是 $L_1/(L_1+U)$，劳动者的最优部门选择意味着工人对两个部门的预期工资应该是相等的，即：

$$W_2 = [L_1/(L_1+U)] W_{min} \tag{5.4}$$

其中：

$$L_1+L_2+U=L \tag{5.5}$$

给定最低工资水平和两种商品的国内价格，根据公式 5.1—

5.5 可以解出 Y_1，Y_2，L_1，L_2，U，W_2。因此，公式 5.1—5.5 描绘了整个经济的生产层面。

假定贸易改革前，$P_1 > P_1^*$，$P_2 = P_2^*$。贸易改革意味着 P_1 向 P_1^* 的趋近。根据公式 5.2 和公式 5.3，贸易改革后 P_1 的降低会减少商品 1 的就业，但是因为 W_1，存在最低工资约束 W_{min}，P_1 降低会提高商品 1 部门的实际工资水平，商品 1 部门雇用的劳动力会减少，而 L_2 将会增加。

劳动边际生产率递减意味着 W_2 会降低。但是根据公式 5.4，$L_1 / (L_1 + U)$ 会下降。换句话说，商品 1 部门的失业率会增加。贸易改革对失业率的影响现在仍是不确定的，取决于劳动需求的弹性。

假设典型的工人对两种商品消费集的消费函数为 $C = C_1^\gamma C_2^{1-\gamma} / \gamma^\gamma (1-\gamma)^{1-\gamma}$，其收入预算约束为 $P_1 C_1 + P_2 C_2 = I$。

用 P 表示单位消费集的最低总支出，$P = P_1^\gamma P_2^{1-\gamma}$，则有 $PC = I$。

工人在商品 1 和商品 2 上的消费支出分别占其收入的 γ 和 $1-\gamma$。

每个工人都从政府部门获得转移支付 T_w。如果工人选择在商品 2 部门工作，他能够得到确定性的工资 W_2；但是如果他选择在商品 1 部门工作，他得到工资 W_1 的概率是 $L_1 / (L_1 + U)$。现在假设风险是中性的，工人将在两个部门之间做出就业选择，实现预期收入最大化。均衡条件是要求工人在两部门工作是无差异的，这意味着公式 5.4 的成立。

为简化起见，假定典型的企业家的消费集与典型工人的相同，他从政府部门获得的转移支付为 T_K，所有利润来源于生产。

最后，假定政府仅对商品 1 征收进口关税 P_1-P^*，同时假定政府没有其他的收入来源，关税收入将用于给工人和企业家的转移支付。财务约束见公式 5.6：

$$(P_1-P_1^{\ *})\ (C_1^{\ a}-Y_1)\ =LT_W+T_K \tag{5.6}$$

其中，C_1^a 指对商品 1 的国内总消费。征收关税的效率损失很明显。因为每个国内经济主体将花费收入的 γ 用于消费商品 1，其在总消费集中的支出也应该是相同的比例，因此有 $P_1 C_1^{\ a}=\gamma$ $(P_1 Y_1+P_2 Y_2+LT_W+T_K)$。

同样的，$P_2 C_2^{\ a}$ 是总收入的 $1-\gamma$。在两种商品上的总支出等于总收入，有：

$$P_1 C_1^{\ a}+P_2 C_2^{\ a}=P1 Y_1+P_2 Y_2+LT_W+T_K$$

利用公式 5.6 消除 LT_W+T_K，得到：

$$P_1^{\ *} C_1^{\ a}+P_2^{\ *} C_2^{\ a}=P_1^{\ *} Y_1+P_2^{\ *} Y_2 \tag{5.7}$$

也就是说，以世界价格衡量的国内消费价值与生产价值相等，这个关系在任何关税水平下都成立。

关税将引起消费扭曲，因为国内经济主体的价格不再是世界相对价格 P_1^*/P_2^*，而是 P_1/P_2。在该相对价格下，消费者进行消费选择时所面临的社会无差异曲线不再与国民收入预算约束线相切。关税引起的生产扭曲是，关税提高了商品 1 的国内相对价格水平，因此商品 1 的国内生产会无效率的扩大。

除此以外，由于在商品 1 部门存在最低工资约束，所以劳动力市场上也存在扭曲，该扭曲减少了商品 1 的产量。此时，如果征收关税将会减少在商品 1 部门存在的扭曲，因为关税提高了商品 1 的价格，扩大了该部门的就业规模。

因此，贸易自由化改革虽然能够减少消费扭曲，但是却增加了生产扭曲。这意味着贸易自由化改革成功与否可能取决于劳动力市场的配套改革。

以世界价格衡量的生产价值代表了有效率的生产行为，用 Z 表示，满足公式 $Z = P_1^* Y_1 + P_2^* Y_2 = P_1^* A_1 L_1^{a_1} + A_2 L_2^{a_2}$，这里假定商品 2 的世界价格 $P_2^* = 1$。

关税的变化对生产效率的影响如公式 5.8 所示：

$$\frac{dZ}{dP_1} = P_1^* a_1 A_1 L_1^{a_1-1} \frac{dL_1}{dP_1} + A_2 a_2 L_2^{a_2-1} \frac{dL_2}{dP_1} = \frac{P_1^*}{P_1} W_{min} \frac{dL_1}{dP_1} + W_2 \frac{dL_2}{dP_1}$$

$$(5.8)$$

根据公式 5.8，我们可以讨论在不同的扭曲条件下进行贸易自由化改革所带来的效应：

（1）假设最初不存在贸易限制和劳动力市场扭曲，则有 $P_1 = P_1^*$ 和 $W_1 = W_2 = W$，因此有 $dZ/dP_1 = W [d(L_1+L_2)/dP_1]$。但是，在没有最低工资约束时劳动力是充分就业的，所以有 $d(L_1+L_2)/dP_1 = 0$，因此 $dZ/dP_1 = 0$，即关税的变化对生产效率的影响为零。

（2）假设最初不存在劳动力市场扭曲，但是存在贸易限制，则有 $P_1 > P_1^*$ 和 $W_l = W_2 = W$，关税变化对生产的影响为：

$$\frac{dZ}{dP_1} = W\left[\frac{P_1^*}{P_1}\frac{dL_1}{dP_1} \frac{dL_2}{dP_1}\right] = W\frac{dL_1}{dP_1}\left[\frac{P_1^*}{P_1} - 1\right] < 0$$

即在没有劳动力市场扭曲的情况下，贸易自由化改革如传统的贸易理论结论一样，将会提高生产效率。

（3）假设最初既存在贸易限制，又存在劳动力市场限制，则有：

$$\frac{dZ}{dP_1} = W_{\min}\frac{dL_1}{dP_1}\left\{\frac{P_1^*}{P_1} - \left[(1 - a_2)(L/L_2) + a_2\right]^{-1}\right\} \qquad (5.9)$$

根据公式 5.2 和 5.3，有 $dL_1/dP_1 > 0$。因此，关税变化对生产效率的影响将取决于公式 5.9 中中括号内的部分符号。由于 $[(1-a_2)(L/L_2) + a_2]^{-1} < 1$，因此，中括号内的部分可能为正，也可能为负。也就是说，在同时存在贸易扭曲和劳动力市场扭曲的情况下，关税下降可能提高生产效率，也可能降低生产效率。

在公式 5.9 中，P_1^*/P_1，表示对商品 1 进口征收的关税，衡量贸易扭曲水平。关税越高，该值越小。L/L_2 衡量最低工资对劳动力市场的扭曲水平，该值越低，公式 5.9 越有可能取值为正。也就是说，商品 2 部门的就业规模越小，两部门的劳动力边际产品差距越大，增加 P_1 将会促进商品 1 部门雇用更多的劳动力，从而提高了生产效率。

结论：如果实行贸易自由化改革的国家内存在其他政策性的

制度扭曲，那么贸易改革对生产效率的影响方向是不确定的。如果劳动力市场扭曲严重，贸易自由化改革会降低生产率，但是如果劳动力市场扭曲不严重，贸易自由化改革会提高生产率。

这一结论可以很好地解释国内制度约束对发展国际服务外包经济效应实现的重要影响。本书仍以劳动力市场为例，人力资源是发展服务外包产业的核心要素，人才规模直接影响产业规模，目前在许多国家积极承接国际服务外包的背景下，如果国内劳动力市场扭曲不严重，相关制度协调配套，人力资源优势得以有效发挥，服务外包产业将会获得所需的人才，迅速壮大规模。与此同时，发展国际服务外包将会促进相关产业生产率的提高，实现发展国际服务外包的经济效应。但是如果劳动力市场扭曲严重，将会直接影响服务外包产业的规模，使发展服务外包产业的经济效应难以实现。同样，这一结论也可以推广到其他相关制度变迁的动因分析。可以说，弱化国内制度壁垒是国内制度变迁的重要动因。

第三节　发展国际服务外包进行国内制度变迁的路径与制度选择集合

一、制度变迁的路径依赖

制度变迁的路径依赖是指一种制度一旦形成，不管是否有效，都会在一定时期内持续存在并影响其后的制度选择，就好像进入一种特定的"路径"，制度变迁只能按照这种路径走下去。①诺思认为制度变迁的路径依赖除了许多中间情形外，还有两种极端情形，一种是沿着既定的路径，经济和政治制度的变迁进入良性循环的轨道并迅速优化。其主要特点是：资本流动性增加，风险得以分散，有一个稳定的政府并致力于规范的市场秩序和法律制度的建设。另一种是顺着原来的错误路径往下滑，甚至被"锁定"在某种无效率的状态下而导致停滞。一旦进入了锁定状态，要脱身就变得十分困难。要改变这种状态往往要借助于外部效应，引入外生变量或依靠政权的变化。下面引入一个演化博弈模型来说明制度变迁的路径依赖。

假定人们有两种策略 X 和 Y 可以选择。社会的收益矩阵为用概率加权平均后的收益，并且社会中的人均为有限理性，他们在多次博弈过程中，不是采取相异的行动，而是在每次博弈中均采取同一行动，这样，他们初始的平均收益矩阵如图 4—1 所示。此时，该博弈是一个囚徒困境，博弈双方都选择 Y，同时（Y，Y）策略向量也是一个演化稳定策略（ESS）。在社会的历史初期，采取 Y 行动是一种习惯抑或是一种惯例。如果在该社会里发生了环境上的变化，平均收益矩阵发生了变化，如图 4—2 所示，此时存在着两个纳什均衡——（X，X）和（Y，Y）。由于社会中受历史初期条件约束的人们是处在采取策略 Y 的状

① 卢现祥、朱巧玲主编：《新制度经济学》，北京大学出版社 2007 年版。

态之下，即使收益上发生了变化，存在帕累托更优的策略组合，如果其他博弈参与者采取策略 Y 被视为给定的话，最佳反应也就只能是 Y，这是制度演化中的路径依赖性。[①]

	X	Y
X	8，8	3，9
Y	9，3	6，6

图 4—1

	X	Y
X	8，8	3，3
Y	3，3	6，6

图 4—2

　　国际服务外包是现代服务业的重要组成部分，假定策略 X 是发展现代服务业，策略 Y 是发展传统制造业。假定某一国家最初的发展路径是发展制造业，相应的制度设计与安排主要是围绕发展制造业进行的，并逐步达到一种均衡状态。但是伴随着国际分工的深化，社会环境发生了较大的变化，发展现代服务业的制度安排的收益大于发展传统制造业，选择（X，X）策略的收益大于选择（Y，Y）策略的收益。但由于存在制度演化的路径依赖，尽管存在更优的策略选择，仍锁定在低效率的状态。

---

　　① 卢现祥、朱巧玲主编：《新制度经济学》，北京大学出版社 2007 年版。

制度变迁的过程存在两种改进方式，一种是帕累托改进，一种是卡尔多改进。帕累托改进即在新的制度安排或制度结构下，如果所有参与者获得的收益大于他们在原来的制度安排下获得的收益，那么这样的制度变迁过程就是帕累托改进。如果一部分社会主体的收益增加，而另一部分主体的收益减少，那么这样的制度变迁过程就是卡尔多改进过程。制度变迁过程存在不同的利益调整方式，既有帕累托改进也有卡尔多改进。[①] 由于假定其最初的发展路径是发展制造业，在现有制度下，制造业的相关利益集团获利较大。如果新制度在制度设计和制度安排上倾向于发展现代服务业，则制造业相关利益集团收益受损，现代服务业相关利益集团收益增加，所以在制度变迁初期，使部分利益集团收益增加的同时，将使部分集团的收益受损，属于卡尔多改进形式的制度变迁。这种制度变迁由于使部分主体的利益受损，博弈更加激烈，制度变迁比较困难，制度变迁的路径依赖性更强。但是，在发展的中后期阶段，由于发展现代服务业与制造业的联动作用，新的制度安排或制度结构将使所有参与者的收益大于在原来制度安排下获得的收益，属于帕累托改进，由于能带来所有参与主体的收益增加，制度变迁进程相对较快。所以，在发展初期卡尔多改进方式中，由于博弈更加激烈，容易锁定在低效率的状态，需要采取有效的方法摆脱这种低效率状态，实现由（Y，

---

① 卢现祥、朱巧玲主编：《新制度经济学》，北京大学出版社 2007 年版。

Y）策略向（X，X）策略的转变，使得（X，X）成为支配策略向量。

二、集体行动与制度选择

青木昌彦和奥野正宽认为摆脱这种低效率的均衡状态至少存在三种方法[①]：

1. 政府的政策性介入。如果政府可以颁布法律对选择策略 Y 的人进行惩罚，这样社会的平均收益矩阵就发生了改变，如图 4—3，选择策略 Y 的参与人的收益因为惩罚而减少了 4，这时帕累托更优的策略向量（X，X）就会成为支配策略向量。

	X	Y
X	8，8	3，-1
Y	-1，3	2，2

图 4—3

2. 社会中的创意和实验。在图 4—2 中，存在两个演化稳定均衡（ESS），一般演化过程无法将劣势的均衡状态调整到具有优势的均衡状态，但是通过引入比较系统的突然变异可以达到这一目的，即由于博弈参与者都存在着一个改变策略的概率，当社会中博弈参与人选择某一策略的人数达到一定比例时，所选择的

[①] ［日］青木昌彦、奥野正宽：《经济体制的比较制度分析》，中国发展出版社 1999 年版。

博弈均衡状态就会发生改变。

3. 加强与其他具有不同习惯社会的交流。通过与不同文化习俗的社会的交流，同样可以改变社会的平均收益矩阵，使得（X，X）成为支配策略向量。

这三种方法都涉及集体行动，康芒斯①指出，制度是集体行动对个体行动的控制。由于资源的稀缺性，获得它们就得由集体行动加以管理，而集体行动的结果便是制度安排。本书认为其中关键是利益集团对制度变迁的影响。第一种方法是政府的政策性介入，政府是集体行动的代理人，集体行动经常要依靠自上而下的命令和合法强制。第二种方法是依靠壮大国内相关利益集团，通过利益集团的博弈实现博弈均衡状态的改变。第三种方法通过与其他具有不同习惯社会的交流，外国利益集团的影响也可以诱使（X，X）成为支配策略向量。本书据此构建理论模型分析集体行动对制度选择的影响。

理论模型如下：

$$I = \alpha \sum_{i \in h} c_i^h + \beta \sum_{i \in f} c_i^f + \gamma \sum_{G} \left(a \sum E_i^e + b \sum c_i^f + c \sum c_i^h \right)$$

首先运用这一模型分析贸易自由化促进国内制度变迁的一般机制。假设贸易和投资主要在两个国家进行，一是 A 国（发展中国家），二是 B 国（发达国家）。制度变迁的目标函数 I 由 A 国产业部门利益集团的政治贡献 C_i^h、B 国利益集团的政治贡献

---

① ［美］康芒斯：《制度经济学》（上、下），商务印书馆 1997 年版。

C_i^f 和 A 国政府的决策三部分组成。其中：L^h 表示 A 国有组织的各产业部门利益集团集合；C_i^h 表示某一产业部门政治贡献；α 表示某一产业部门政治贡献程度。L^f 表示 B 国利益集团集合；C_i^f 表示 B 国利益集团对 A 国的政治贡献；β 表示 B 国利益集团对 A 国政治贡献的程度。E_i^e 表示某一产业部门的经济发展效应集合。a 表示 A 国政府对某一产业部门经济发展效应的相对偏好；b 表示 A 国政府对 B 国利益集团政治贡献的重视程度。c 表示 A 国政府对 A 国某一产业部门利益集团政治贡献的重视程度。λ 表示本国政府对国内制度变迁的贡献程度。

随着 A 国贸易开放度的提高，国内越来越多的经济资源参与到国际分工体系中，国民经济对世界市场的依赖性逐步提高，贸易开放度越高，从贸易自由化中受益的人就越多，并逐步形成一个共同的利益集团 L^h，这一利益集团为了获得更多的受益机会，从而产生进一步推动贸易自由化深化的需求，而限制贸易自由化深化的更多的是国内不完善的制度安排，从而诱使国内制度变迁（C_i^h）。另一方面，随着贸易开放度的提高，增加了 B 国到 A 国进行贸易和投资的信心，随着贸易与投资规模的扩大，对东道国国内资本积累、技术进步产生正向效应。外国利益集团 L^f 也逐步壮大，这一利益集团对东道国贸易和投资环境要求越来越高，从而对东道国国内制度变迁产生压力（C_i^f）。但是代表某一产业部门利益集团发起的诱致性制度变迁会受到组织成本大小、搭便车等的影响而远远小于社会的最佳供给量，要实现制度结构的变迁，最重要的制度创新的供给者是代表国家利益的政府，从而形成 A 国相关产业的利益集团、B 国相关产业的利益集团及 A 国政府三大制度变迁主体。随着利益集团影响度的提高，政府为推动贸易自由化的深化，必然要扫除影响贸易自由化深化的国内制度障碍，进行国内制度变迁。国内制度的完善削减了对外贸易的国内制度壁垒，将贸易自由化引向深入，从而形成一种良性循环的推动机制。

　　三大主体对国内制度变迁的贡献程度（α、β、λ）是不同的。政府是制度变迁的最大供给者，即 λ 最大，而政府的决策要受到政府的偏好及相关利益集团的影响。对某一产业部门经济发展效应的相对偏好是政府进行制度变迁的基本动力，政府对某一产业部门经济发展效应偏好程度越高，即 a 越大，政府进行制度变迁的动力就越大。政府对某一产业经济发展效应偏好程度越低，即 a 越小，政府进行制度变迁的动力就越小。在政府偏好确定的情况下，A 国政府就会综合考虑 A 国相关产业利益集团的政治贡献程度 α 及 B 国利益集团的政治贡献程度 β，如果 A 国政府对 A 国相关产业利益集团的政治贡献程度 α 及 B 国利益集团的政治贡献程度 β 的重视程度较高，即 c 和 b 较大，则 A 国政府就会根据国内相关制度存在的缺陷，进行自上而下的强制性制度变迁。政府的强制性制度变迁为该产业部门的发展提供了良好的制度环境，相关制度和政策安排直接或间接进入国际贸易的广义交易成本，从而影响该产业相对的国际竞争力。假定一个国家进行国内制度变迁促进该产业进一步深入国际分工体系，而另一个国家没有相应的制度安排，则这一个国家该产业的相对竞争力以及产业发展客观上就会受到负面影响。个别企业无法通过自身努力降低这类由国家制度决定的相对交易成本，因此，相应的国内制度变迁及政策调整是贸易自由化深化的必要条件。

其次，进一步分析利益集团的博弈及制度变迁路径选择的动力机制。假设国内产业部门的相关利益集团主要分为两大集团，一是制造业部门利益集团。二是现代服务业部门利益集团。外国利益集团主要是国外服务外包发包商组成的利益集团。并假设某一国家在发展初期重点发展制造业，随着国际环境的变化，发展路径也发生相应变化，倾向于发展现代服务业。

因为在发展初期制度设计与安排倾向于大力发展制造业，所以制造业部门受益最大，制造业部门的利益集团居于强势地位。服务业部门相对弱小，特别是现代服务业部门在产业结构中所占的比重较低。由于现有制度遭遇到了外部制度环境的冲击，出现变革和创新的可能。但是由于制度变迁将使一部分集团的利益受损，博弈相对激烈，所以制度变迁的路径依赖性较强。制度演化过程既是一个渐进的过程，又是一个间断地被一些转折点所打断的过程，即"刻点均衡效应"。所谓"刻点均衡效应"即偶尔被短时期迅速出现的制度所打破的长时期的静态均衡状态，或者被制度的突变所打断的长期状态。因此，制度的变迁在一定程度上综合了路径依赖与制度创新的因素。① 路径依赖形成原因之一是利益因素。一个社会的组织状态深刻地影响着制度引起的报酬递增状况，从而决定着制度变迁的轨迹。这些组织都是存在着自身利益需要的集团，这些利益集团对现存路径有着强烈的需求。他们力求巩固现有制度，阻碍选择新的路径，哪怕新的体制比现存体制更有效率。一种社会制度之所以长期处于均衡状态或陷入非绩效的锁定状态，是因为各种政治利益集团的力量处于相对均衡状态，或是因为占统治地位的集团竭力维护现有制度，并反对各种企图进行路径替代的其他利益集团的活动。② 要解决路径依赖的问题一个重要的方面是改变利益集团的力量对比，如前文所述，由于博弈参与者都存在着一个改变策略的概率，当社会中博弈参与人选择某一策略的人数达到一定比例时，所选择的博弈均衡状态就会发生改变。所以大力发展国际服务外包首先要促进现代服务业部门的发展，通过壮大利益集团改变博弈均衡状态，在激烈的国际竞争环境下，改变国内不利于产业发展的相关制度，消除国内制度壁垒，提升产业的国际竞争力。

大力发展国际服务外包进程中，外国利益集团对国内制度变迁的影响相对较大。因为目前承接国际服务外包存在激烈的国际竞争，为了有效地开拓国际市场，接包国国内制度环境的构建要综合考虑服务外包发包商区位选择的各种影响因素。国际服务外

---

① 卢现祥、朱巧玲主编：《新制度经济学》，北京大学出版社 2007 年版。
② 卢现祥、朱巧玲主编：《新制度经济学》，北京大学出版社 2007 年版。

包发包商在选择合作伙伴时往往遵循"先选择国家，再选择合作伙伴"的基本原则，即首先关注外包地区的宏观环境要素，其次是合作伙伴的成本、能力要素。一个国家和地区的宏观环境对承接国际服务外包具有重要影响。如经济发展环境、法律环境、贸易环境和社会文化环境等均会对服务外包发展产生深刻的影响。不同的国家和地区相应的制度安排，如经济制度、法律制度、贸易制度等则通过影响服务外包发展的宏观环境而影响着发包方对发包地区的选择。国外相关产业的利益集团为降低外包风险，提高外包效益对外包地区宏观环境的高度关注将诱使接包国相关制度发生变迁。实现由（Y，Y）策略向（X，X）策略的转变，使得（X，X）成为支配策略向量。

政府是集体行动的代理人，其一项重要职能是平衡不同利益集团之间的关系。从本书的假定来看，其要协调两方面的关系，一是国内两大集团之间的关系。协调国内两大利益集团的关系，政府要综合考虑国内的资源禀赋状况和发展机遇，国内的资源禀赋状况及发展机遇决定了政府的偏好，政府的偏好是国内制度变迁的首要推动力，政府对某一产业部门经济发展效应偏好程度越高，政府进行制度变迁的动力就越大。假定政府对发展现代服务业相对偏好，尽管现代服务业部门仍属于弱势利益集团，传统制造业部门属于强势利益集团，但政府可以通过制度安排与设计扶持"弱势利益集团"，约束"强势利益集团"，促使现代服务业部门在政府决策中拥有"话语权"，通过政府的政策性介入改变两大利益集团的博弈均衡状态。二是与外国利益集团之间的关系。下面再引入制度竞争的概念分析国与国之间竞争对制度的影响。制度竞争概念突出了内在规则和外在规则体系对于一个国家的成本水平以及由其影响到的国际竞争力的重要性。由于全球化——密集的贸易和更大的要素流动性——对高成本的制度系统会存在更加直接的反馈，由此会出现调整那些制度的必要性，不仅会出现被动的制度调整，而且还可能出现预先主动进行的调整。① 没有一套促进跨国界交易的制度框架的空前发展，全球经济的这种增长是无法想象的。这些制度的优越性，加上通讯、运输和旅游方面的技术进步，已成为经济增长的强大动力，并提高了国际维度在国民经济中的相对重要性。② 在承接国际服务外包的国际竞争中，已经展开以国家为单位，政府支持为核心的新一轮竞争，许多国家都在主动进行国内政策及相关制度的相应调整，在制度变迁中，政府更多的是根据外国利益集团对国内宏观制度环境的关注而决定他们的制度选择集合。

三、国内制度变迁的制度选择集合

大力发展国际服务外包必须进行国内相关制度的协调配套和改革，国内制度变迁选择集合包含许多相关制度，但本书认为主

---

① ［德］柯武钢、史漫飞：《制度经济学——经济秩序与公共政策》，商务印书馆2000 年版。

② ［德］柯武钢、史漫飞：《制度经济学——经济秩序与公共政策》，商务印书馆2000 年版。

要包含以下几大方面。

1. 服务外包的产业特征与发展现代服务业的制度选择

服务外包可以分为两大类，一类是服务产品生产的服务工序流程外包。如银行、保险公司把部分人事与财务的管理性服务转移给外部企业，航空公司把飞行旅途中免税品的销售业务转移给外部企业，都属于服务性企业内部服务流程外包。另一类是货物商品（如农产品或制造品）生产过程中，某些支持性的服务流程采取外包方式提供。具体见服务之花图①（图4—4）。

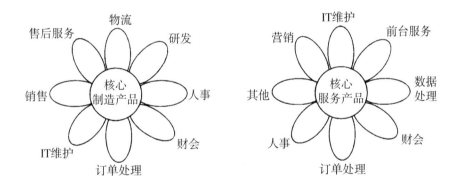

图4—4 核心产品与投入性服务流程的关系

从上面的服务之花图示中，我们可以看出，服务外包一是涉及制造产品生产的研发、物流、售后服务、销售、IT 维护、订单处理、财会、人事等服务流程外包。二是涉及服务产品生产的 IT 维护、营销、人事、订单处理、财会、数据处理等服务流程外包，所以服务外包可以分为制造产品生产服务流程外包及服务

① 卢锋：《服务外包的经济学分析：产品内分工视角》，北京大学出版社 2007 年版。

产品生产服务流程外包，而制造产品生产服务流程外包和服务产品生产服务流程外包又分别分为信息技术外包和业务流程外包。发展服务外包主要是向现代服务业领域延伸，国际服务外包实际上就是现代服务业向国际市场的延伸。所以要真正促进国际服务外包的发展，必须大力发展现代服务业。

从前文的假定来看，假定一个国家前期的发展路径是传统制造业，要实现从传统制造业向现代服务业领域的延伸，需要在制度领域进行相应的制度设计与安排。制度经济学认为制度可以分为非正式制度与正式制度两大类。非正式制度是指人们在长期的社会生活中逐步形成的习惯习俗、伦理道德、文化传统、价值观念及意识形态等对人们行为产生非正式约束的规则。正式制度是人们有意识地建立起来并以正式方式确定的各种制度安排，包括政治规则、经济规则和契约，以及一系列的规则构成的一种等级结构从宪法到成文法和不成文法，到特殊的细则最后到个别契约等。① 从传统制造业向现代服务业领域的延伸的初期阶段一个最大的约束是理论层面、观念层面以及固有的思维习惯等非正式制度。

2. 服务外包发生的前提与知识产权保护制度优化

服务外包产业是知识、技术密集型产业，知识产权是否得到有效保护是服务外包发生、发展的重要约束条件。知识产权是否

---

① 卢现祥主编：《新制度经济学》，武汉大学出版社 2004 年版，第 118、115 页。

得到有效保护将会出现两种截然相反的情况。第一种情况，假设一个国家知识产权保护不力，发包方将不会发包到这一国家，从而失去承接国际服务外包的区位优势。第二种情况，假设知识产权得到有效保护，在其他条件相等的情况下，将会增强承接国际服务外包的区位优势。

承接国的法制环境是国际服务外包区位选择考虑的重要因素，其中主要是知识产权保护的立法与执法状况。知识产权得到保护从而取得相互信任是外包服务合作关系的基础，服务外包项目大多为高科技含量、高附加值项目，含有较高的知识产权，涉及企业内部职能和部分商业机密，有些甚至是发包方的核心技术，因此知识产权保护是发包方十分关注的问题，与外包有关的知识产权保护问题已构成一个国家外包竞争优势的重要因素。许春明（2008）① 认为，知识产权保护是一种区位优势。由于知识产权具有地域性，国与国之间具有差异，因此，知识产权保护可以被看作为一种区位优势。作为国家基础经济法律制度之一的知识产权法律制度已成为国际经济活动决策的重要因素。知识产权保护水平的不同会影响跨国公司的对外直接投资选址决策。值得注意的是，随着国际经济一体化进程的深入以及各国经济增长水平的提高，传统的区位优势，如税收减免等政策优惠以及劳动力价格、能源、原材料等的价格优势，正在逐步减弱甚至消失。而

---

① 许春明：《知识产权制度与经济增长的机制研究》，同济大学 2008 年博士学位论文。

随着知识经济的发展，跨国公司对信息、服务、法律等保障企业经营体系有效运行的软环境越来越关注，这意味着知识产权保护已经是区位优势的重要内容。

所以，发包方进行服务外包最关注的是知识产权能否得到有效保护。要提升承接国际服务外包的国际竞争力，必须优化知识产权保护制度，提升知识产权保护水平。

3. 承接服务外包的核心要素与人力资源供给的制度选择

高素质的人力资源是服务外包产业发展的核心要素。新世纪以来，信息技术与信息产品的广泛应用，打破了传统区位因素对区位主体的限制，区域知识存量、人力资本存量成为最重要的创新区位因子。国际服务外包发展的时代特征为知识经济时代，产业基础为信息产业，在知识经济条件下，人力资源的素质和技能成为知识经济实现的先决条件，区位论的研究由过去以物为中心转变为以人为中心。[1] 影响承接服务外包的因素有许多，但其中一个重要的影响因素就是接包国拥有一定数量的受教育程度较高的熟练劳动力，而这些熟练劳动力与发包国的熟练劳动力相比又具有较大的成本优势。因此，拥有大量低工资的人力资本能够增强承接服务外包的吸引力。其中人力资本水平在国际服务外包发展中具有重要的作用。企业可以通过提高其所占有资源的质量或者通过比竞争对手更有效地使用资源来获得具有竞争优势的组织能力。

---

[1] 尹世杰：《从知识经济看经济学的研究对象与方法》，《经济学家》1999 年第 2 期。

目前，许多国家具有人力资源供给的优势，但是，人力资源的供给和需求出现结构性矛盾，要实现资源的有效转化衔接，一个重要方面就是进行制度变迁，如教育、培训、激励制度的相应变革，减少劳动力市场摩擦，实现资源的有效转化衔接，加快服务外包产业发展。

4. 服务外包发展的市场因素与制度选择

以 Kravis、Friedman、Caves 为代表的市场学派理论，十分强调市场的接近性、市场规模及增长潜力对区位选择的影响，认为接近市场就意味着低的运输成本、低的信息搜寻成本，较大的市场规模和快速增长的市场潜力。在进行服务外包的区位决策时，发包方会将承接国的市场规模作为考虑的关键因素。一是承接国快速发展的国内经济能够增强承接国际服务外包的区位优势。承接国市场规模越大，其消费量和潜在需求一般也越高，发包国为了探求更广阔的海外市场，往往寻求市场规模较大的国家，实现开拓市场、增加利润等目的。市场规模在一定程度上反映了当地的经济发展状况，而经济发展水平较高，就会为高质量、高水平的服务提供有力保障。二是承接国日益扩大的信息化需求也是提升区位优势的重要因素。一方面，服务外包企业通过跨国经营可以综合低生产成本优势（通过使用离岸劳动力）及低交易成本优势（通过组织机制）承接母国的离岸外包业务。另一方面，可以利用其先进的技术水平及国际经验，开拓东道国的外包市场。

对于许多发展中大国，由于拥有广阔的内需市场，他们在进行贸易自由化时，往往把目标定位和最终归宿点放在发展国内供给和国内需求及提高国内经济活力上，因为过分依赖国际市场会加大经济发展的风险，国际市场不确定因素很多，但是内需市场需求的释放需要观念的转变和制度的创新。

第四节　发展国际服务外包进行国内制度变迁的效应分析

一、区位优势提升效应

制度安排与变迁是影响乃至决定承接国服务外包发展的关键要素，从制度功能的视角来看，制度安排主要通过发挥导向功能、降低交易成本、降低行为风险等提升承接国际服务外包的区位优势。

1. 制度安排的导向功能。从前文分析中我们可以看出，国际服务外包发包商高度关注接包方国家的宏观环境。不同的国家和地区相应的制度安排通过影响服务外包发展的宏观环境而影响着发包方对发包地区的选择。如果能够进行相应的制度优化，将发挥导向功能，提升承接服务外包的区位优势。

2. 制度安排通过影响交易成本影响承接地区的区位优势。成本学派理论认为在跨国公司对外投资的区位选择中，成本最小化仍然是外商投资区位选择的重要标准，但是在生产成本的基础上，又将信息成本和交易成本引入跨国公司对外投资的区位分析中。认为决定国际投资区位选择的关键因素是交易成本和信息成本的大小（Buckiey&Casson，1985）。其代表人物凯夫斯（Caves，1971）认为，与本地企业不同，外商投资企业往往面临很高的搜寻成本，这类成本常迫使跨国公司采取回避投资风险的策略，从而选择低交易成本和信息成本的区位。相关制度和政策安排直接或间接进入承接国际服务外包的广义交易成本，从而影响企业相对的国际竞争力。

3. 制度安排通过降低外包行为风险影响服务外包的区位选择。企业外包决策时主要是根据成本——收益进行决策，首先是对内部核心能力进行识别，然后则对外部环境因素进行分析，通过对内外部环境因素进行深入分析，并预测该业务的成本与收益，从而判断是内制还是采取其他管理策略，如果预测该业务的收益大于成本，则实施外包战略，进而评价选择供应商，签订外包合同。如果预测该业务的成本大于收益，则实施内制战略。企业在进行成本分析时，关键要考虑外包后的不确定性带来的风险成本。这种风险成本从微观层面看，一是包括企业运作中的运作风险，主要是基于质量等目标要求方面的风险；二是技术风险，主要是基于技术变化等带来的风险；三是关系风险，主要是基于双方关系发展变化带来的风险。从宏观层面看，则是来源于外包地区宏观层面的不确定性带来的风险成本。如发包方进行外包决策时，首先考虑的风险问题是知识产权能否得到有效保护，如果承接地区相应的制度安排如知识产权保护制度从立法与执法两个层面都能得到保障，则会大大减少服务外包的不确定性，降低外包行为风险，增加双方的互信度，提升承接地区的区位优势。

二、资源配置效应

许多学者认为制度具有资源配置功能。盛洪认为制度一般有激励、资源配置和利益分配三个方面的功能。张春霖（1994）认为制度有两个方面的基本功能：资源配置功能与行为动力功能。刘世锦（1994）将制度的功能分为激励、配置、保险和约束四个方面的功能等等。

制度作为一种激励约束机制通过影响资源配置影响国际服务外包发展。一是影响国际间的资源配置。卢现祥、朱巧玲（2007）认为国与国之间的竞争实际上是制度的竞争。有效的制度安排可以大大地降低地区的交易成本，吸引更多的生产要素流入这个地区；有效的制度安排还可以大大地提高要素使用的效率。谁的制度好，资源就会流向那里。人才、资金及技术都会流向那些制度环境好的地方。① 二是影响国内的资源配置。不同制度安排的激励性和约束性有所不同，所谓激励，就是使经济活动的当事人具有从事某种经济活动的内在推动力，制度的激励功能，通过提倡什么、鼓励什么的信息传达出来，制度的激励可以

---

① 卢现祥、朱巧玲主编：《新制度经济学》，北京大学出版社2007年版。

规定人们的偏好，影响人们的选择。任何制度都有激励功能，但是不同的制度产生的激励效应不一样，资源的流向与配置也会不同，从而决定不同的发展路径。发展国际服务外包的贸易政策变迁推动了国际服务外包的发展。如果国内制度进行相应的变革与调整，将会影响人们的偏好，产生相应的资源配置效应，使服务外包产业的竞争力得以提升，并进一步促进国际服务外包的发展。这不是一个简单的循环效应，而是一个螺旋上升的效应。国内制度的变迁从而使服务外包产业的资源配置得到优化，实现由承接低端业务向高端转移。

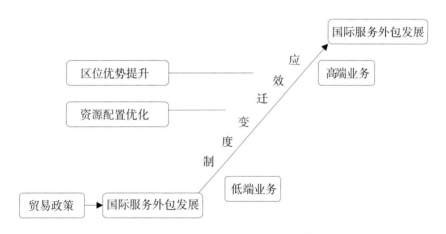

图4—5　发展国际服务外包促进国内制度变迁的效应

第五节　本 章 小 结

本章侧重对接包国的制度因素与国际服务外包发展进行理论

分析。这是本书的重点，在服务全球化和国际服务外包迅速兴起的国际背景下，许多发展中国家积极承接国际服务外包，并出台了一系列扶持服务外包产业发展的政策，但是国际服务外包促进接包国经济发展的效应是不确定的，必须伴随国内相关制度的改革和完善。为此，本章引入国内制度因素，并运用制度经济学的分析方法对国内制度变迁的动机、制度变迁的路径及制度选择集合、制度变迁的效应进行分析。

国内制度变迁的动机之一是追逐制度变迁的外部利润。新的制度安排相对于现有制度使部分利益集团获得的净收益较大，为追逐外部利润，产生新的制度供给。国内制度变迁的动机之二是弱化国内制度壁垒。发展国际服务外包，促进了贸易自由化的深化，但是如果国内制度壁垒较高，其对接包国经济发展的影响将会大打折扣，为弱化国内制度壁垒，将促使国内制度发生变迁。

制度变迁存在路径依赖，尽管存在更优的策略选择，仍可能锁定在低效率的状态；要摆脱这种低效率的均衡状态，一是政府的政策性介入，政府是集体行动的代理人，集体行动经常要依靠自上而下的命令和合法强制；二是依靠壮大国内相关利益集团，通过利益集团的博弈实现博弈均衡状态的改变；三是通过与其他具有不同习惯社会的交流，外国利益集团的影响也可以诱使高效率的策略选择成为支配策略向量。本书据此构建理论模型分析集体行动对制度选择的影响。首先运用模型分析贸易自由化促进国内制度变迁的一般机制。其次，进一步分析利益集团的博弈及制度变迁路径选择的动力机制；国内制度变迁选择集合包含许多相关制度，本书主要从四个方面进行分析。一是服务外包的产业特征与发展现代服务业的制度选择；二是服务外包发生的前提与知识产权保护制度优化；三是承接服务外包的核心要素与人力资源供给的制度选择；四是服务外包发展的市场因素与制度选择

国内制度变迁的效应一是区位优势提升效应，从制度功能的视角来看，制度安排主要通过发挥导向功能、降低交易成本、降低行为风险等提升承接国际服务外包的区位优势。二是资源配置效应。一方面，影响国际间的资源配置。有效的制度安排可以大大地降低某个地区交易成本，吸引更多的生产要素流入该地区；另一方面，影响国内的资源配置。制度的激励可以规定人们的偏好，影响人们的选择，使资源的流向与配置也会不同，从而决定不同的发展路径。

第五章　制度构建与国际服务外包发展的经验分析——印度例证

根据科尔尼全球离岸服务目的地指数，印度排名第一。卢锋（2007）认为对比中国，印度较晚实行自由化和全球化体制改革，在制造业等传统可贸易部门尚未起飞之前，倾注全国人才和政策资源鼓励软件和服务外包，从而使这一行业在印度的发展较之其他国家鹤立鸡群。[①] 印度在初期的发展路径选择就致力于软件等现代服务业，并充分发挥制度的资源配置功能，使服务业成为经济发展的主动力，形成印度独特的经济发展模式。从印度发展服务外包产业的经验可以看出，印度国际服务外包的发展并不是印度政府服务外包政策扶持的直接结果，而关键在于印度经济制度变革、知识产权保护等为印度服务外包产业发展提供了良好的宏观环境以及印度优良的高等教育为服务外包产业发展提供了

---

① 卢锋：《服务外包的经济学分析：产品内分工视角》，北京大学出版社 2007 年版。

适用性的人力资本。

第一节　印度国际服务外包发展历程①

　　印度服务外包产业发展历程共经历了四个阶段。第一个阶段是服务外包发展的初期阶段，时间主要是在 20 世纪 70 年代，以软件外包为主。在这一时期印度国内主要实行贸易管制，对 IT 产品征收高关税，其中软件产品征收 100% 的关税，硬件产品征收 135% 的关税，软件不被视为一个产业，出口商难以获得信贷。还有一个重要的保护政策就是 1973 年的外汇管制法案对外商投资企业的股权比重进行限制，不得超过 40%。整个 70 年代，软件出口只占软件总收入的 1/3，并且为了有效应对 IT 产业的保护政策，这一时期的服务外包出现了新的商业模式，即外包现场项目模式，主要是软件出口企业派出自己的员工到现场为客户服务。这种模式的一个弊端就是放慢了新技术进入印度的速度，另一个弊端就是人才流失，许多员工选择了移民，留在海外工作。第二个阶段是服务外包发展的加速阶段。时间是 1985—1991 年，这一阶段主要是拉吉夫·甘地执政时期，这一时期国际国内环境发生了重大变化。一是个人电脑和互联网的出现，计算机转向网络化，欧美国家计算机开始普及，创造了新的需求。二是国内方

---

　　①　本部分主要参考江小涓等：《服务全球化与服务外包：现状、趋势及理论分析》，人民出版社 2008 年版。

面拉吉夫·甘地采取新的计算机政策，硬件和软件的进口关税都降低到了 60%，并将软件产业视为不需要生产许可证的行业，可以获得银行信贷。外商投资企业的股权比重可达 100%，并且开始设立计算机软件技术园为软件企业提供低成本的必要的基础设施。服务外包产业在这一时期加速发展，但由于跨国公司面临过高的通讯成本和严格的管制要求，现场项目模式成为主要业务模式。据 NASSCOM 估计，1988 年，有将近 90% 的软件收益来自于现场项目服务。第三阶段是服务外包产业的全面发展阶段，时间为 1992—1999 年。这主要是源于 1991 年印度开始的根本性的经济变革，进口关税几乎降低到了 0。同时，软件技术园计划的推出为软件产业发展创造了良好的政策环境，最重要的软件出口商可以获得卫星通讯连接，通过网络开展业务，从而使软件服务的离岸外包模式成为可能，这一时期印度企业从现场服务项目转向离岸外包项目。第四个阶段是国际服务外包实现由 ITO 为主向 BPO 为主的转型阶段，时间为 2000 年至今。这一时期印度把服务外包作为一个发展的重点产业加以扶持，同时印度服务外包产业也从主要以软件外包为主向业务流程外包为主转变。国际市场业开始由美国向欧洲、日本市场拓展。

从上述发展历程中，我们看到，印度服务外包产业的发展并不是政府政策直接作用的结果。在 20 世纪 70 年代，印度国内实行贸易管制，不利于国际服务外包的发展。即使拉吉夫·甘地推动本国计算机等高技术产业的发展，其目标也不是软件外包这类完全为别人代工的产业，而是本国自己拥有完全产权的计算机硬件和软件。主要是到了 20 世纪 90 年代，面临严重的国际收支危机，所有能够增加外汇的贸易行为都被放行，而在外包领域又没有印度原来的大型国有企业来垄断业务，这一产业才在竞争中快速发展起来。千年虫危机又使其地位越来越突出。在这之后印度政府政策才转向支持服务外包，并通过兴建经济特区、软件园区，通过税收等方面的特殊政策来促进其发展。但是印度软件园区和经济特区在其出口贸易中所占比重并不大，发挥的作用很有限。主要是印度在 90 年代进行的一系列经济制度变革为服务外包产业的发展创造了良好的商务环境，同时，印度政府加大力度保护知识产权进一步优化了国内商务环境，从而使印度服务外包业拥有较强的国际竞争力。

第二节　经济制度变革与印度国际服务外包发展

印度经济制度变革对国际服务外包发展的影响，一是为国际服务外包发展提供了良好的宏观环境。另一方面是促进了服务业特别是现代服务业的发展，从而为印度信息技术外包和业务流程外包奠定了良好的产业基础。关于印度经济制度变革本书主要从发展理念、产业政策、贸易政策三个层面展开论述。

一、发展理念的变革与印度的电子革命

印度的经济改革始于 1980 年英吉拉·甘地执政时期，主要是恢复公营企业效率和放宽对私有经济限制的改革实验。1985年拉吉夫·甘地执政时期印度经济改革加速。他首先关注的是观念上的变革，认为"对于一个像印度这样的国家来说，自力更生不但不是指不受外部经济力量这样或那样的影响，相反，还应以印度对形成国际经济力量所作的贡献来衡量。"① 在这一观念的影响下，拉吉夫·甘地政府修改了垄断与限制性贸易行为法。另一方面，印度总理拉吉夫·甘地曾提出："我们错过了工业革命那趟车，但不能错过第二趟车，这趟车被称为电子革命或计算机革命，我们必须赶上这趟车，然后跳上去。"② 所以拉吉夫·甘地改革的另一个重点就是发展信息产业，在印度政府部门推广计算机和网络技术，并实行了新的计算机政策，降低软件产业的关税，取消软件产业的生产许可证等。拉吉夫·甘地注重信息产业的发展理念在印度进行了一场电子革命，从而直接影响了信息产业及国际服务外包的发展，为印度现代服务业的发展奠定了基础。1991 年拉奥执政时期提出"自由化、市场化、全球化、私有化"的导向，信息产业又获得快速发展。目前，通讯、计算机、金融、保险等现代服务业成为印度发展空间最大的行业。

① 杨光斌：《观念、制度与经济绩效》，《中国学术论坛》2007 年 3 月 12 日。
② 张讴：《印度文化产业》，外语教学与研究出版社 2007 年版，第 254 页。

（如表5—1）。从下表中我们可以看出计算机服务的年平均增长速度最快，为26.9%，其次是通讯、保险等，分别为24.9%和14.2%，计算机、通讯和金融保险等成为印度拉动经济的主力。

表5—1　印度服务业分部门年增长速度①

	2000	2002	2004	平均
	% Per Year			
公共服务	7.3	8.5	13	9.3
通　讯	26.9	25.7	26.5	24.9
保　险	−0.7	51.1	13.8	14.2
计算机服务	51.1	17.1	23.6	26.9
其他服务	5	5.9	10.9	7.3
铁路和邮政	3.7	6.9	5.1	5.3
银　行	1.4	14.8	−5.8	6
房地产业	2.6	2.3	2.7	2.5
合　计	4.6	4	7.8	6.2

资料来源：Interviews，Indian Dept.of Electronics Annual Reports，Dataquest（India）Surveys.

二、产业政策、贸易政策变革与印度现代服务业的发展

印度产业政策变革的核心即放松管制，实行私有化、市场化、自由化、全球化。在80年代印度政府就开始放宽对私有经济的限制。1991年拉奥政府对产业政策进行了彻底的变革，基

① 张力群：《印度经济增长研究》，东南大学出版社2009年版，第230页。如果没有特别标注，本部分印度数据主要引自此著作，下同。

本废除对产业政策的管制，将《垄断和限制性贸易行为法》中对投资和生产领域的限制规定全部取消，除了六种与国家安全和国计民生密切相关的工业外，其余均向私人资本和国外资本开放。并改变了对小型企业的长期保护性政策。印度政府废除对产业政策的管制，特别是放宽对私有企业的限制，促进了私有经济和服务业的发展。

印度贸易政策变革经历了放松管制和自由化发展时期。在放松管制时期，印度政府一是放宽进出口的限制。1985 年规定，有 201 种以前严格禁止进口的资本品可以按照一般公开许可证进口。资本品的进口税率从 65% 下降到 45%，还免除了计算机和电子工业设备的进口税。二是鼓励出口。把重点放在电子工业产品、计算机软件等市场潜力较大的产品上，并在税收、进口设备、许可证的使用上等实行优惠，优惠的程度直接与出口产品的比重挂钩，比重越大优惠越大。如产品 100% 出口的企业免税 5 年，并可以自由进口设备。三是积极引进外资和外国先进技术。1985 年开放了电子、计算机、汽车、港口建设等多部门，鼓励外资进入，特别鼓励外资投资于高科技的部门和落后的地区创业，对合资企业的税率也有所下降。

自由化发展时期，一是积极刺激和促进出口。1991 年 8 月把 16 种原由国家专营的出口产品领域向私人资本开放，并且范围逐步扩大，最后国家专营的只剩下 10 种，限制出口的种种制度，如出口许可证制度、出口定额的限制、最低出口价格的限制等到 1994 年基本取消。1993 年到 1994 年政府把服务业和农业作为快速扩展出口贸易的突破口，全力推进。采取有效措施鼓励出口，对生产出口商品需要而进口的零部件和原材料免税，实行卢比在经常项目账户中可以自由兑换，出口商的外汇所得无需向政府结汇。二是全面放宽进口限制。规定只有少数与安全和环境保护有关的商品、保留给小型企业、家庭手工业生产的产品继续限制进口，其余所有商品都免除进口许可证，关税也普遍降低。三是大力引进外资和外国先进技术。1992 年颁布了新的《外汇管理法》，新的管理法和政策一方面规定开放更多原来保留给公营成分的领域，特别是高科技领域，鼓励外资进入。关于合资企业的技术转让问题，政府宣布不加干涉，由合资企业双方自行议定。外国公司的税率由 65% 降到 55%。[①]

印度产业政策和贸易政策变革促进了私营经济和现代服务业的发展，为印度国际服务外包发展提供了良好的产业基础。经济转轨后印度产业结构主要呈现三、一、二的格局。从印度经济转轨后的产业结构来看，印度服务业所占比重最高，并且呈现上升的趋势，从 1991 年的 44% 上升到 2007 年的 55%，其次是农矿业，但呈现下降的趋势，从 1991 年的 33% 下降到 2007 年的 21%。而工业则基本稳定在 24%。详见表 5—2。

---

① 江小涓等：《服务全球化与服务外包：现状、趋势及理论分析》，人民出版社 2008 年版。

表 5—2　印度经济转轨后的产业结构

年　份	农矿业（%）	工业（%）	服务业（%）
1991—1992	0.33	0.23	0.44
1992—1993	0.33	0.23	0.44
1993—1994	0.33	0.23	0.45
1994—1995	0.32	0.23	0.45
1995—1996	0.30	0.24	0.46
1996—1997	0.30	0.24	0.46
1997—1998	0.28	0.24	0.48
1998—1999	0.28	0.23	0.48
1999—2000	0.27	0.23	0.50
2000—2001	0.26	0.24	0.50
2001—2002	0.26	0.23	0.51
2002—2003	0.24	0.24	0.53
2003—2004	0.24	0.23	0.53
2004—2005	0.22	0.24	0.54
2005—2006	0.22	0.24	0.54
2006—2007	0.21	0.24	0.55

数据来源：印度统计局。

从印度服务业的内部结构来看，储运通讯、金融保险等现代服务业增长最快，年增长分别为 10.31%、8.29%，远远高于贸易旅馆、社团个人服务等传统服务业。详见表 5—3。

表5—3 经济转轨后印度服务业的部门GDP值及增长速度

年份	GDP	社团个人服务	金融保险	储运通信	贸易旅馆
1991	10 835 720	1 493 570	1 146 700	680 900	1 306 800
1992	10 990 720	1 532 190	1 270 790	724 740	1 314 230
1993	11 580 250	1 624 000	1 339 990	759 350	1 393 360
1994	12 238 160	1 696 540	1 489 620	810 240	1 491 170
1995	13 020 760	1 734 930	1 547 510	883 440	1 645 310
1996	13 969 740	1 862 440	1 672 760	973 220	1 889 100
1997	15 083 780	2 012 410	1 776 270	1 050 750	2 042 530
1998	15 732 630	2 179 480	1 984 230	1 126 690	2 199 110
1999	16 784 100	2 391 230	2 139 020	1 210 590	2 369 550
2000	17 865 250	2 667 070	2 335 500	1 333 710	2 541 430
2001	18 643 000	2 792 390	2 430 480	1 483 240	2 673 260
2002	19 726 050	2 907 150	2 607 370	1 607 720	2 930 750
2003	20 482 870	3 021 530	2 815 500	1 834 710	3 132 210
2004	22 227 590	3 185 140	2 972 500	2 116 270	3 447 430
2005	23 883 840	3 403 420	3 230 800	2 446 930	3 711 550
2006	26 128 470	3 648 830	3 599 420	2 805 350	4 062 030
2007	28 643 100	3 900 200	4 100 300	3 272 070	4 406 770
年增长（%）	6. 26	6. 18	8. 29	10. 31	7. 89

数据来源：ISI Emerging Markets-Macroeconomic Focus.

从印度三大产业全要素生产率来看，也可以看出印度服务业主要是技术含量较高的现代服务业。在2008年联合国大学发表的UNU-WINDER项目的一篇"印度服务部门的革命"论文中，对印度的资本、劳动、土地（仅农业部门）和全要素生产率作了数量分析，其采用Baseline Share法对印度1991—2003年的分析结果如表5—4。

表 5—4　1991—2003 年印度三大产业的全要素生产率

	Agriculture	Industry	Services
Due to capital	0.52	3.51	2.26
	25.90%	63.60%	30.30%
Due to labor	0.26	1.05	1.58
	12.70%	19%	21.30%
Due to land	−0.09		
	−4.4%		
Due to TFP	1.33	0.96	3.6
	65.90%	17.30%	48.40%

资料来源：张力群：《印度经济增长研究》，东南大学出版社 2009 年版，第 149 页。

　　根据其结果可知，在印度转轨后服务业的全要素生产率增长最快，农业其次，而工业最慢。服务业的资本、劳动和全要素生产率对行业增长的贡献约为 30%、21% 和 48%。服务业的技术进步是印度经济转轨时期经济增长日趋重要的因素，所以印度的经济增长主要靠现代服务业。

　　国际服务外包包括信息技术外包、业务流程外包等，实际上是现代服务业向国际市场的延伸，由于印度现代服务业的发展，使目前印度在承接离岸外包的业务范围较其他国家拥有较大的优势。见表 5—5。

表5—5　不同离岸外包目的地国家承接离岸外包业务范围比较表①

国　别	应用开发与支持	业务转换处理	业务处理	IT基础设施	呼收中心	财务	融资	人力资源	数据中心	研究和分析
印　度	√	√	√	√	√	√	√	√	√	√
新加坡	√		√			√	√			
菲律宾					√	√	√			
澳大利亚			√	√						
马来西亚					√				√	
中　国	√								√	
爱尔兰	√		√							
加拿大	√	√								
墨西哥		√								
俄罗斯	√									
东　欧					√					

资料来源：2005年德勤研究报告。

第三节　知识产权保护制度与印度
国际服务外包发展

一、知识产权立法保护与印度国际服务外包发展

完善的知识产权保护法律体系是印度承接国际服务外包的重

①　见杨琳、王佳佳：《金融服务外包：国际趋势与中国选择》，人民出版社2008年版。

要区位优势。印度曾深受知识产权保护不力的困扰，20 世纪 90 年代以后印度政府开始逐步完善知识产权保护法律体系，印度知识产权法律体系包括版权法、商标法、专利法、设计法、地理标识法等。此外，印度的信息技术法、合同法、刑法也都设有专门条款保护知识产权。印度对版权领域的保护始于 1957 年版的《权利法案》，1994 年印度政府开始对其进行修订，首次把计算机软件和数码技术纳入了印度版权保护体系之下，对数据库知识产权、以源代码或目标代码表达的计算机程序、著作出租权的保护范围等进行了重大调整，此次修订后的版权法被认为是世界上最严格的版权法，该版权法明确规定了版权所有者与使用者双方的权利与义务，并制定了最严厉的民事和刑事惩罚措施，根据违法的具体情节实施高额罚款或监禁。罚款范围最少不少于 50000 印度卢比，最高可达 200000 印度卢比，最短监禁 7 天，最长可监禁三年。1999 年印度又对《版权法案》进行进一步修订，发布《1999 年国际版权规则》，把相关规定扩大到世界贸易组织成员国的国民。1999 年修订后的权利法案和《与贸易有关的知识产权保护协定》完全相容，并于 2001 年 1 月 15 日起开始实施。1999 年、2002 年、2004 年印度还对《专利法》进行了三次大幅修订，使之与国际惯例完全接轨。

二、知识产权执法保护与印度国际服务外包发展

全面有效的知识产权执法保护确保了印度国际服务外包的发

展。印度关于知识产权的执法保护主要是基于四个层面展开：政府、行业协会、企业、公民。

1. 政府层面设立专门机构，加大执法力度。为了加大知识产权保护的执法力度，印度政府相关部门设立专门机构编织知识产权保护的安全网，其中，在信息技术部建立了"软件标准、测试和质量认证机构""计算机应急反应小组"等专门机构。人力资源部为警察开设了普法课，进行知识产权保护相关法律知识的传授。

2. 充分发挥行业协会等中间组织的重要作用，改善知识产权保护的执法环境。印度行业协会充分发挥加强知识产权保护的重要作用，一方面在推动相关法律条款制定的基础上，积极改善印度知识产权保护的执法环境，2005 年 4 月，印度软件业和服务公司协会（NASSCOM）协同商业软件联盟印度委员会公布了一条免费电话热线，专门接听有关软件盗版的举报电话。为了激励人们踊跃举报，该组织还对举报者给予奖励，奖励金额最高达到 50 万卢比。[①] 此外，印度行业协会加大对外宣传的力度，不断赢得国外客户的信任，提升了区位优势。

3. 企业层面采取全面的安全策略，提升知识产权执法保护的有效度。服务外包领域知识产权保护的一个很重要方面是关于商业机密的保护，发包方进行外包时首先关注的问题是潜在接包

---

① 江小涓等：《服务全球化与服务外包：现状、趋势及理论分析》，人民出版社 2008 年版。

方保护商业机密的能力。印度的 IT-BPO 企业在商业机密保护方面有自己的特色，其采取全面的安全策略确保客户的商业机密不外泄，以诚信取胜。一是依据法律、标准、政策实施全面的安全策略。在安全保护的法律遵循方面，大多数印度企业通过合同协议确保符合西方的法律，有的企业聘请了外国顾问并培训了员工；在标准遵循方面，印度企业比较倾向于 BS7799 信息全管理体系认证标准，这一认证标准包括所有的安全领域，遵循这一标准就能够保证所需的安全级别；在政策遵循方面，大多数企业具有各个领域备有文件证明的安全政策，如信息的合法使用、信息分类、灵活计算、风险管理、事件管理、第三者访问、密码和用户访问等等。二是通过专门机构、安全预算、安全训练、安全审查等确保安全策略的实施。在印度大多数一级公司有专门的安全工作组来管理它们的安全。二级公司因规模较小没有这方面的专门机构；在安全预算方面，安全支出占了公司信息技术预算的 5% 到 15%，并可能随着意识和体系脆弱性的增加而增长；在安全培训方面，大多数一级公司拥有有效的培训策略，如，感应程序里的专门的安全意识模块、安全的定期训练、定期举行培训会议等；在安全审查方面，大多数一级公司每半年或一年都会对安全政策进行评估，主要是根据客户要求和国际标准来评估政策，公司实行国内审查、国外审查和客户审查三种审查，一级公司既实行国外审查也实行国内审查，二级公司主要实行国内审查，很少进行国外审查。客户审查主要是根据客户的要求，可以由客户本人实行，也可以由客户指定的第三方来实行。①

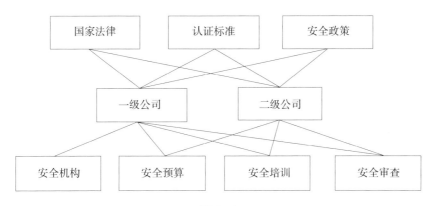

图 5—1

资料来源：NASSCOM：《战略评估 2005》，www.NASSCOM.org，2005。

4. 提高全民知识产权保护意识，改善知识产权执法的社会环境。在这方面，印度的中介机构发挥了重要作用。1993 年 NASSCOM 在全国开展了一项使用正版软件的全民宣传活动，通过张贴广告、举办讲座、实地演出等形式"唤醒"人们保护知识产权的意识。以后每年该组织都开展多项宣传活动，特别在"世界知识产权日"前后，其宣传活动异常频繁。② 通过持续开展知识产权保护的全民宣传活动，提高了全民的知识产权保护意识，大大改善了知识产权执法的社会环境。

---

① NASSCOM：《战略评估 2005》，www.NASSCOM.org，2005，见刘绍坚：《软件外包：技术外溢与能力提升》，人民出版社 2008 年版。

② 江小涓等：《服务全球化与服务外包：现状、趋势及理论分析》，人民出版社 2008 年版。

第四节　人力资本供给的相关制度与
印度国际服务外包发展

一、印度不同人力资本与国际服务外包发展的相关性分析

印度国际服务外包的发展取决于印度人力资本供给优势。首先，我们对印度不同人力资本与国际服务外包发展的相关性进行分析。印度不同人力资本分为文盲、初等以下、中等教育、大学四个层面，四个层面的数据主要来源于张力群（2009）的计算结果。其主要是以印度统计局 1971、1981、1991、2001 年的人口普查资料为基础用内推和外推法获得各年不同教育程度人数数据，然后，在此基础上计算印度不同人力资本数据。计算依据是联合国一项研究项目结论显示，以文盲人员的劳动生产力为基数，小学文化程度能提高劳动生产力 43%，中学文化程度能提高 108%，大专文化程度能提高 300%。再根据印度不同教育层次的学制，计算出不同人力资本数据。印度国际服务外包数据以软件出口数据近似替代。详见表 5—6。

表 5—6　印度不同人力资本与软件出口数据

年份	文盲	初等以下	中等教育	大学	软件出口（百万美元）
1991	404.4	1195.8	222.488	724.04	173.9
1992	396.3	1290.036	238.3959	753.1464	219.8

续表

年份	文盲	初等以下	中等教育	大学	软件出口（百万美元）
1993	388.4	1366.264	255.4412	783.4229	314
1994	380.6	1435.566	273.7052	814.9165	480.9
1995	373	1503.925	293.2752	847.6761	668
1996	365.5	1571.318	314.2443	881.7527	997
1997	358.2	1637.722	336.7128	917.1992	1650
1998	351.1	1706.113	360.7878	954.0706	2180
1999	344	1770.461	386.5841	992.4242	3600
2000	354	1783.239	414.2249	1032.32	5300
2001	355.5	1790.7	443.88	1073.468	6200
2002	348.4	1882.228	475.6174	1127.141	7550
2003	341.4	1942.452	509.6241	1183.498	8800
2004	334.6	1998.324	546.0622	1242.673	12400
2005	327.9	2052.791	585.1056	1304.807	16800
2006	321.3	2099.797	626.9407	1370.047	23200

资料来源：张力群：《印度经济增长研究》，东南大学出版社 2009 年版，第 177—179、234—235 页。

　　根据上述数据，运用 Eviews 软件，采用最小二乘法进行回归，以软件出口为因变量，以初等以下、中等教育、大学的人力资本为自变量，因文盲与软件出口关系不大，在回归分析中将其剔除，结果见表5—7：

表5—7　印度不同人力资本与软件出口的回归分析结果（一）

Dependent Variable：LOG（EX）
Method：Least Squares
Date：02/25/10 Time：17：00
Sample：1985 2006
Included observations：22

续表

Variable	Coefficient	Std. Error	t-Statistic	Prob.
LOG（CO）	1. 860194	0. 542625	3. 428138	0. 0030
LOG（M）	1. 654256	0. 268287	6. 166004	0. 0000
LOG（S）	3. 948622	1. 022230	3. 862752	0. 0011
C	−44. 17074	2. 755894	−16. 02774	0. 0000
R-squared	0. 996395	Mean dependent var	6. 747618	
Adjusted R-squared	0. 995794	S.D.dependent var	2. 145154	
S.E.of regression	0. 139119	Akaike info criterion	−0. 944010	
Sum squared resid	0. 348373	Schwarz criterion	−0. 745638	
Log likelihood	14. 38411	F-statistic	1658. 342	
Durbin-Watson stat	0. 777967	Prob（F-statistic）	0. 000000	

从回归结果的 D—W 值（0. 777967）来看，存在明显的序列相关。为校正自相关带来的偏差，我们在解释变量中加入 AR（1），AR（2）、AR（3）、AR（4）采用广义最小二乘法进行回归，得表 5—8。

表 5—8　印度不同人力资本与软件出口的回归分析结果（二）

Dependent Variable：LOG（EX）
Method：Least Squares
Date：02/25/10 Time：16：56
Sample（adjusted）：1989 2006
Included observations：18 after adjustments
Convergence achieved after 30 iterations

Variable	Coefficient	Std.Error	t-Statistic	Prob.
LOG（CO）	4. 167585	1. 087263	3. 833098	0. 0033
LOG（M）	2. 493540	0. 678673	3. 674139	0. 0043
LOG（S）	−0. 239155	1. 872386	−0. 127727	0. 9009
C	−33. 93992	4. 812111	−7. 053021	0. 0000

续表

AR（1）	0.810731	0.313030	2.589950	0.0270
AR（2）	0.084905	0.389170	0.218169	0.8317
AR（3）	0.031535	0.474767	0.066422	0.9484
AR（4）	−0.552259	0.451229	−1.223901	0.2490
R-squared	0.997821	Mean dependent var	7.401675	
Adjusted R-squared	0.996295	S.D.dependent var	1.778999	
S.E.of regression	0.108286	Akaike info criterion	−1.306987	
Sum squared resid	0.117258	Schwarz criterion	−0.911267	
Log likelihood	19.76289	F-statistic	654.0536	
Durbin-Watson stat	1.993313	Prob（F-statistic）	0.000000	
Inverted AR Roots	.87+.48i	.87−.48i	−.47−.58i	−.47+.58i

　　从表5—8显示的统计检验数据来看，调整的R2（拟合优度）为0.996295，从t统计值来看，LOG（S）和LOG（U）的系数在0.01的显著性水平上都是显著的；而Log（s）的系数则没有通过显著性检验。D—W值（1.993313）在0.01的显著性水平上通过检验，总体显著性检验——F检验（值为654.05360）结果也是比较令人满意的。

　　从上述计算结果来看，回归方程成立。从回归系数来看，大学与软件出口正相关，对软件出口的作用很大。初等以下和中等教育与软件出口负相关，初等以下和中等教育的落后成为印度软件出口的瓶颈约束，要促进国际服务外包的发展需要加强中等教育。

二、教育制度与印度人力资本供给分析

1. 高等教育制度与印度人力资本供给优势

第一，高端人才与普通人才"两条腿"① 培训模式。印度高端人才培养主要来自于印度理工学院（Indian Institute of Technology，简称 IIT）的贡献。印度政府把绝大部分理工学院补助投入给 IIT，扶持其培养行业精英和高端人才，IIT 在教学对象、教学方法和资源投入方面完全按照精英教育模式设计，每年超过 30 万名成绩优异的中学生报考 IIT，录取率不到 2%，大大低于哈佛大学 13% 的录取率。据美国加州大学伯克利分校教授萨克森·尼恩研究统计，硅谷 2000 家新创公司中 40% 由印度人创立，创始人大部分从 IIT 毕业，印度 IT 和软件外包的创业者和高管人员更是大量出自 IIT。印度中低端普通专业人才主要来自于印度国家信息学院（The Nationnal Institute of Information Technology，NIIT）等普通人才培训机构的贡献。NIIT 基本定位于普及型和应用型的 IT 教育和培训，通过培训，达到和超过大学软件专业毕业工作一年的技术人员水平，能胜任软件企业各项常规工作。NIIT 每年使印度几十万年轻人成功转入 IT 行业，现已扩展到美洲、欧洲、亚洲、中东、非洲等 30 个国家，并且成功地把课堂授课与网上学习模式结合起来。

---

① 卢锋：《服务外包的经济学分析：产品内分工视角》，北京大学出版社 2007 年版。

第二，教育与产业密切互动。印度高校教育的一大特色即推行"产学合作模式"，教育与产业密切互动，学校与企业共同培养学生，在课程设置、教师选任、授课模式等方面直接体现这一特色。许多学校的课程直接由"业界教师"担任，如 IBM 公司开设的"电子商务的最新应用"，甲骨文公司开设的"资料库软件"，摩托罗拉公司开设的"通信软件"等课程，介绍的都是在产业界运用最新的软件技术。印度德里理工学院与西门子、IBM、摩托罗拉等许多软件公司建立联合实验室和实训基地，60%的课程直接在实验室教学，印度软件企业认为，印度理工学院毕业生的质量可与美国麻省理工学院相媲美。[①]

第三，构建多层次的人才培养体系。一是高度重视高等教育，为支持高校培养更多的软件人才，印度政府加大对印度理工学院的财政投入，还在 400 多所大学设置了计算机专业、1000 多所大专院校及 3000 多所中学开设各种电脑软硬件课程，形成了多层次的人才培训体系，以满足软件产业发展的多种需求。二是大力鼓励民办或私营的软件培训机构培养软件人才。依靠民办的软件人才培训机构培训中初级实用人才是印度软件人才培养的一大特色。目前，印度已有私立理工学院 1100 多家。私立软件培训学校 1.7 万所。另外，政府还大力吸引外资和私人资本投入电脑软、硬件的专业培训领域。三是大力鼓励软件企业自身建立

---

① 刘绍坚：《软件外包：技术外溢与能力提升》，人民出版社 2008 年版。

培训机构。重点培训计算机应用专家、系统分析员、开发管理员等，提高企业员工的整体素质。

印度优良的高等教育制度使印度发展国际服务外包具有较大的人力资本供给优势。具体体现在以下几个方面：

第一，人力资本供给的总量优势。软件及服务外包产业是知识密集型产业，人力资本是产业发展的第一要素，对软件及服务外包产业来说，人力资本的规模直接对应着产业规模。印度服务外包产业发展得益于"千年虫"带来的机遇，印度之所以能够抓住这一历史性机遇主要在于数十年人力资本的积累，在面临巨大的市场需求的情况下，印度服务外包产业的就业人数迅速增长。印度从事软件及服务外包产业的就业人数从 1999—2000 年的 284000 人迅速增长到 2004—2005 年的 1045000 人，这主要得益于印度优良的高等教育提供了丰裕的人力资本。见表 5—9。

表 5—9　印度服务外包行业就业增长情况①

	1999—2000	2000—2001	2001—2002	2002—2003	2003—2004	2004—2005
软件——出口部门	110000	162000	170000	205000	270000	345000
软件——国内部门	17000	20000	22000	25000	28000	30000
软件——国内外包公司	115000	178114	224250	260000	290000	322000
信息业务流程外包	42000	70000	106000	180000	253500	348000
总　计	284000	430114	522250	670000	841500	1045000

数据来源：NASSCOM：《战略评估 2005》。

---

①　刘绍坚：《软件外包：技术外溢与能力提升》，人民出版社 2008 年版。

第二，人力资本供给的结构优势。从 2004 年高等教育的毛入学率来看，印度远远低于亚洲、东欧及发达国家，仅为 11.76%，而同期俄罗斯为 68.22%、波兰为 61.04%、匈牙利为 59.61%、爱尔兰为 58.51%、中国为 19.1%。[①] 景瑞琴（2007）认为决定要素禀赋的不仅仅是占总人口的比例，而且包括总的存量或者某个特殊类别的可利用人数。[②] 印度发展国际服务外包主要是拥有大量的专业性人才。印度不仅是在总的人力资本存量方面具有比较优势，并且拥有大量的从事计算机及电脑软件专业人才，目前，印度共有 400 所大专院校开设了计算机及电脑软件专业，每年有 61000 名计算机工程专业的毕业生，相当于美国的两倍。此外，印度还有 2500 多所中学开设了计算机课程。为了提高芯片设计专业人才的适用性，印度政府已经投资 1000 万美元，向 32 个研究机构发起一项为期五年的超大规模集成电路教育计划。[③]

第三，人力资本供给的可得性优势。印度专业人才培养的适用性特征使印度人力资源具有更大的可得性优势。印度具有的语言优势使得他们更易与美欧等跨国公司进行沟通交流。印度人的英语水平较其他非英语国家来说往往高出一筹。由于历史的原因，印度有 5% 的人口（约 5000 万）是以英语作为第二母语，

---

① 数据来源：World Development Indicators Database 2006。
② 景瑞琴：《人力资本与国际服务外包》，复旦大学 2007 年博士学位论文。
③ 王晓红：《中国设计：服务外包与竞争力》，人民出版社 2008 年版。

这些印度人的英语阅读速度是清华、北大研究生的4—6倍。由于有较高的英语水平，印度软件公司的工作人员可以非常准确、高效地了解用户的需求，按照用户的习惯和要求开发软件、书写软件文档①。从下图我们可以看出，印度大学生对于跨国公司的可获得性最高，达83%，其次为中国，再次为俄罗斯。

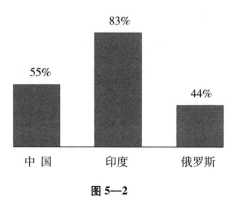

图 5—2

资料来源：Diana Farrelletal.，"The Emerging Global Labor Market"，McKinsey & Company，2005，见刘绍坚软件外包461页。

2. 中等教育制度与印度人力资本供给的瓶颈约束

从印度人口构成（详见表5—10）中可以看出，印度的人口构成中，文盲所占比重较高，1991年高达47.8%，尽管呈逐年下降的趋势，2006年仍高达近30%，这主要是由于印度种姓制导致约一半人口没有机会接受教育。从初等以下受教育人口来看，所占比重较高，并且呈逐年上升的趋势，2006年高达

①　赵新力：《从印度软件产业的发展看中国软件产业化和国际化》，《中国科技产业》2005年第2期。

62.4%。但是，印度中等教育所占比重较低，1991 年达 2.40%，并且上升非常缓慢，2006 年仅达 5.10%，印度中等教育的滞后形成了印度人力资本供给的瓶颈约束。曲玲年（2009）认为印度教育体系，每年向全社会提供的各级各类毕业生（中专、大专、本科以及研究生）的总量一直在 300 万左右徘徊。与服务外包相关，能够输送到产业的有效人力资源供给约在 35 万到 40 万。印度的受教育人口与 IT 服务产业需求，近乎达到 1 比 1 的关系，教育体系的总供给能力已经达到极限，人力资源的扩容空间微乎其微，种姓制、社会贫富悬殊导致教育的不平等，加上弱势的印度政府无所作为，印度受教育人群的规模在未来的数十年内，不会有大的变化。尽管 NASSCOM、TCS、INFOSYS 等知名行业机构和 IT 服务企业，已深刻地认识到印度产业面临的"资源"危机，开始投入资金，普及基础教育。然而毕竟杯水车薪，不可能解决印度由来已久的社会结构问题。①

表5—10　印度人口、文盲人数和不同教育程度人数（百万人）及比重（%）

年份	人口	文盲	比重%	初等以下	比重%	中等教育	比重%	大学	比重%
1991	846.30	404.40	47.8	398.60	47.1	20.30	2.40	23.00	2.72
1992	872.00	396.30	45.4	430.01	49.3	21.75	2.50	23.92	2.74
1993	892.00	388.40	43.5	455.42	51.1	23.31	2.61	24.89	2.79
1994	910.00	380.60	41.8	478.52	52.6	24.97	2.74	25.89	2.85
1995	928.00	373.00	40.2	501.31	54	26.76	2.88	26.93	2.90

---

① 曲玲年：《基于人力资源的朝阳产业》，中国服务外包网，2009 年 9 月 27 日。

续表

年份	人口	文盲	比重%	初等以下	比重%	中等教育	比重%	大学	比重%
1996	946.00	365.50	38.6	523.77	55.4	28.67	3.03	28.01	2.96
1997	964.00	358.20	37.2	545.91	56.6	30.72	3.19	29.14	3.02
1998	983.00	351.10	35.7	568.70	57.9	32.92	3.35	30.31	3.08
1999	1001.00	344.00	34.4	590.15	59	35.27	3.52	31.53	3.15
2000	1019.00	354.00	34.7	594.41	58.3	37.79	3.71	32.79	3.22
2001	1027.00	355.50	34.6	596.90	58.1	40.50	3.94	34.10	3.32
2002	1055.00	348.40	33.0	627.41	59.5	43.40	4.11	35.81	3.39
2003	1073.00	341.40	31.8	647.48	60.3	46.50	4.33	37.60	3.50
2004	1090.00	334.60	30.7	666.11	61.1	49.82	4.57	39.48	3.62
2005	1107.00	327.90	29.6	684.26	61.8	53.39	4.82	41.45	3.74
2006	1122.00	321.30	28.6	699.93	62.4	57.20	5.10	43.52	3.88

资料来源：张力群：《印度经济增长研究》，东南大学出版社 2009 年版，第 175—176 页。

三、激励制度与印度人力资本供给分析

资源的流动性是经济社会的重要特征，而流动性本身将增加经济资源的价值，作为经济资源之一的人力资本也不例外，人力资本价值的实现和增值，往往要通过人力资本的流动来完成。人力资本流动是指人力资本在国家、地区、部门、单位之间的流动，它是人力资本客体即人自身发展的客观必然结果，具有客体、主体两个方面的客观必然性。人力资本流动包括人力资本产业间流动和人力资本地区间的流动。20 世纪 60 年代，印度的许多大学生由于国内工作环境较差、工资水平较低，纷纷到美国留学、工作或移民，实现自身价值的增值，人力资本流动主要体现

为自国内向海外的地区间流动。他们在海外取得了很多骄人的成绩。自 1980 年到 1997 年，印度移民在硅谷共创办了 565 家科技公司，到 1997 年，印度人在硅谷成立的科技公司收入达到了 32 亿美元，并雇用了 13664 人，到 1998 年，印度移民在硅谷创办的科技公司已达 774 家。在各大 IT 公司，印度员工的比重也非常高，如微软印度员工的比例达 34%，IBM 印度员工的比例达 28%。2003 年财富 500 强中有 23 个执行总裁是印度人，例如 SUN 公司的创建者之一 Vinod Khosla，惠普的总经理 Rajiv Gupta。[①]

　　大批的海外优秀人才成为印度经济发展的重要资源。为吸引海外留学人才，印度政府采取了一系列有效的激励措施。一是民族意识和情感的激励。印度政府采取多种措施增强海外人员的民族意识和国家认同感，印度前总理瓦杰帕伊曾在一次"海外印度人日"大会上对在场的印侨深情地说"想回来的时候就回来，我们的大门永远向你们敞开。"[②] 二是印度政府还通过优惠政策吸引海外软件人才回国。自 20 世纪 80 年代以来，印度历届政府在税收、股权、金融扶持、待遇、创业资本、子女教育等方面都制订了一整套优惠政策，创造良好的投资环境，吸引优秀的海外人才回国服务。通过有效的激励，这些优秀的印籍人才在国内外都发挥了重要作用，在美国国内，他们通过自己开办的公司或在

---

　　①　赵新力：《从印度软件产业的发展看中国软件产业化和国际化》，《中国科技产业》2005 年第 2 期。

　　②　刘绍坚：《软件外包：技术外溢与能力提升》，人民出版社 2008 年版。

自己供职的公司里施加影响，说服自己服务的公司雇佣印度软件人才，并最终使美国国会于 2000 年通过一项法案，加大对印度技术工作人员发放签证的数量。印度留学归国人员的比例也从 1991 年的 2%增加到 20 世纪 90 年代后期的 8%—10%，并且有许多高级软件专业人员返回印度设立自己的公司。软件人才流失是印度发展服务外包产业面临的重要问题，印度公司通过工资待遇、发展机会、股权激励等措施把吸引人才、激励人才、留住人才作为企业管理的新目标。①

第五节　本章小结

印度制度构建与国际服务外包发展的经验为中国目前大力发展国际服务外包的实践提供了有益的启示。

1. 印度国际服务外包发展并不是印度政府服务外包政策扶持的直接结果，而关键在于国内制度变迁提供了良好的宏观环境。

2. 印度国际服务外包发展的宏观环境主要是发展理念的变革促进了印度的电子革命；产业政策、贸易政策变革促进了印度现代服务业的发展；知识产权保护制度的优化为印度国际服务外包发展提供了良好的法制环境；高等教育制度与激励制度构建为印度国际服务外包发展提供了适用性的人力资本。

---

① 刘绍坚：《软件外包：技术外溢与能力提升》，人民出版社 2008 年版。

第六章　中国发展国际服务外包的
制度约束与构建

　　张力群（2009）认为中国是世界制造业中心，与印度相比，发展服务业与制造业整合的生产性服务具有地理优势，所缺的是改善发展知识经济的制度环境。[①] 服务外包产业作为现代高端服务业的重要组成部分，制度环境构建是促进其发展的关键，印度国际服务外包快速发展也验证了这一点。中国贸易政策的取向为大力发展国际服务外包，但是国内相关制度对其快速发展存在约束，本章主要对中国国际服务外包发展的制度约束进行分析，并提出相应的建议。

第一节　中国发展国际服务外包制度构建的动力机制

　　国际服务外包给我们带来的最重要的是通过其示范效应产生

[①]　张力群：《印度经济增长研究》，东南大学出版社 2009 年版。

的发展理念的变迁，即服务外包运作的发展理念。但是要真正实现这一发展理念，不可能一蹴而就，需要一个逐步转变的过程，这其中会诱发国内相关制度的变迁。下面我们利用第五章的理论模型进一步分析中国发展国际服务外包促进国内制度变迁的动力机制。

一、政府的偏好是国内制度变迁[①]的首要推动力

中国发展国际服务外包进程中，政府在制度变迁中发挥了重要作用，关键是在目前面临产业结构和经济发展方式转变的现实背景下，中国政府对发展国际服务外包的相对偏好，大力发展国际服务外包，是为解决中国经济社会面临的深层次矛盾，实现经济结构调整和经济发展方式转变的重要举措，目前，各级政府对服务外包产业的定位是：服务外包产业是智力人才密集型现代服务业，具有信息技术承载度高、附加值大、资源消耗低、吸纳就业尤其是大学生就业能力强等特点。大力推动服务外包产业发展，有利于加快转变经济发展方式，拓宽就业渠道，促进区域经济协调发展，优化外贸结构，对全面贯彻落实新发展理念，实现

---

① 国家有关部委相继出台了相应的产业政策、财税政策、人力资源政策、公共服务支持政策、金融支持政策等。教育部、商务部负责制定加快服务外包人才培养的若干意见；财政部会同商务部落实人才培训、公共服务平台建设、知识产权保护、取得国际资质认证等方面的支持政策。工业和信息化部负责电信服务便利化措施。商务部会同工业和信息化部落实研究制定商业信息数据保密条例。发展改革委、财政部、商务部负责鼓励创业投资投向服务外包企业。人民银行会同商务部、银监会、证监会、保监会、外汇局落实信贷、保险、证券、外汇等支持政策。人力资源社会保障部会同商务部落实特殊工时工作制等一系列政策。

"保增长、扩内需、调结构"和促就业目标具有重要意义。服务外包产业一是属于现代服务业，大力发展服务外包产业有助于优化产业结构和外贸结构，具有产业结构和出口结构提升效应。二是属于人才密集型产业，能够大量吸收大学生就业，具有就业创造效应。三是属于高附加值产业，具有国民收入提升效应。四是能源、资源消耗低，具有促进经济可持续发展的效应。五是具有技术进步和知识外溢效应。基于服务外包产业的经济发展效应，政府对发展国际服务外包具有相应的偏好，但是，目前中国发展国际服务外包还存在许多国内制度壁垒，如国内劳动力市场还存在许多摩擦。在中国大力发展国际服务外包的背景下，出现了一种两难困境：一方面是服务外包产业人才短缺，另一方面是大学生就业难，失业问题严重，其主要原因是教育供给与产业需求之间存在结构性矛盾，所以，各级政府大力推动实训机制的建立，实现毕业生的零距离就业。为促进国际服务外包的发展，各级政府大力扫除影响贸易自由化深化的国内制度障碍，政府对发展国际服务外包的偏好促使的自上而下的强制性制度变迁是推动国内制度变迁的首要推动力。

二、外国利益集团在国内制度变迁中发挥了重要推动作用

如前文所述，国际服务外包发包商在选择合作伙伴时多遵循"先选择国家，再选择合作伙伴"的基本原则，一个国家和地区的宏观环境对承接国际服务外包具有重要影响。国外相关产业的

利益集团为降低外包风险，提高外包效益对外包地区宏观环境的高度关注将诱使中国相关制度发生变迁。

在中国大力发展国际服务外包进程中，外国利益集团对国内制度变迁的影响相对较大。因为承接国际服务外包存在激烈的国际竞争，中国一方面面临印度在位优势的压力，另一方面面临其他国家激烈的竞争，如果印度等其他接包国进行国内制度变迁促进服务外包产业的深入发展，而中国存在较大的国内制度约束，则中国承接服务外包的国际竞争力将会受到较大影响，为了有效地开拓国际市场，中国国内制度环境的构建要综合考虑服务外包发包商区位选择的各种影响因素。

三、现代服务业部门利益集团的推动力相对较弱

改革开放以来，中国贸易依存度逐步提高，在这一过程中，受益的人越来越多，不断发展壮大，逐步形成了不同的利益集团。因为改革开放以来中国主要大力发展制造业，所以制造业部门受益最大，制造业部门的利益集团居于强势地位。中国服务业部门相对弱小，特别是现代服务业部门在产业结构中所占的比重较低。中国大力发展国际服务外包主要是促进了现代服务业部门的发展，并逐步形成了相关的利益集团，在激烈的国际竞争环境下，为了改变国内不利于产业发展的相关制度，提升自身的国际竞争力，在趋利动机的驱使下，诱使国内相关制度发生变迁。但是相对于制造业部门，他们的政治贡献程度相对较低。一些高端

服务部门起步较晚，没有形成较强的利益集团。

第二节　中国发展现代服务业的
非正式制度约束与构建

一、国际服务外包实际上是现代服务业向国际市场的延伸

国际服务外包实际上就是现代服务业向国际市场的延伸，金融危机前中国承接国际服务外包特别是一些二线城市主要是数据处理、呼叫中心等一些低端业务，在承接金融外包、设计外包等高端业务方面国际竞争力相对较弱，其主要原因就在于中国发展国际服务外包的产业基础相对薄弱。中国作为 IT 服务与服务外包目的地已被国际社会所认可，在认知度上正逐渐缩小与印度的差距，但发包方决策者的顾虑阻碍了对中国的进一步接受，其中有的担忧"中国仍然是一个以生产为核心的经济体，外界对中国的印象是其服务水平很低"，[①] 要真正促进国际服务外包的发展，必须大力发展现代服务业。新一轮的全球化是以服务的国际合作为主的，服务外包是全球化的新路径，是国际分工体系和价值链体系重构的载体。我们不仅做低端的客服、呼叫中心、数据录入等外包，中国的服务外包正在从业务的低端走向高端。

印度经济增长带给我们的启示：服务业特别是现代服务业同

---

① 资料来源：Factiva，麦肯锡，见《中国服务外包发展报告 2008》，第 155 页。

样可以成为经济增长的第一推动力，印度服务业增长较快的行业主要是以 IT 服务为主要内容的商务服务业、银行业和通讯业。印度重视现代服务业的发展理念及政策变革为印度国际服务外包发展奠定了深厚的产业基础。但是中国在发展现代服务业方面存在制度约束。

二、中国发展现代服务业的非正式制度约束

中国发展现代服务业的一个最大的约束是理论层面、观念层面以及固有的思维习惯等非正式制度。受传统工业化理论的影响，中国制定了优先发展制造业的战略，改革开放以来，各级地方政府在发展制造业的实践中积累了丰厚的经验，形成了一些固有的思维，习惯于传统的发展路径，使发展现代服务业受到很大的束缚。

1. 受优先发展工业的理论束缚，习惯于传统的发展路径

传统经济理论认为工业化是一国经济从落后到发达的必由之路，工业是经济增长的发动机。从西方经济学理论来看，可以追溯到"梵登——卡尔多定律"，卡尔多定律构成了以工业化带动经济增长这一观点的理论基础。钱纳里等的研究成果进一步强调了制造业对经济增长的作用。其认为主要是由于制造业的如下特点：一是工业品的需求收入弹性高；二是工业品的可贸易程度高；三是按照比较优势建立的工业部门，允许劳动和资本向生产价值较大的部门重新配置，并且从专业化和规模经济中挖掘潜在

收益；四是制造业增长是技术变化的主要原因之一。钱纳里的研究方法和研究结果对经济学以及各国工业化政策产生了深远的影响，成为第二次世界大战后各后起国进行工业化的主要理论依据。[①] 从马克思主义经济学来看，马克思将社会总产品理解为物质生产部门的产品总和，因而物质生产部门不但要比非物质生产部门重要，而且根据资本主义生产有机构成提高的规律，推出社会扩大再生产的条件是第一部类的增长要快于第一部类和第二部类不变资本总和的增长。列宁又在此基础上提出重工业的增长又要快于其他生产资料生产部门的增长。所以前苏联一直执行优先发展重工业的政策。[②] 大力发展制造业并通过工业化实现经济增长也成为中国的首选战略。受传统经济理论的影响，中国主要以发展工业为主，习惯于传统的发展路径，使现代服务业的发展受到了一定程度的束缚。

2. 受制造业产品可贸易性强的理论影响，开拓国际市场主要着眼于制造业领域

魏作磊（2007）认为制造业作为经济增长发动机的另一理论基础是其产品的可贸易性强。资本和外汇不足是后起国家经济起飞过程中面临的普遍问题，通过发展工业扩大出口来改善国际收支、增加外汇储备成为多数后起国家的追求。而传统观点认为

---

　　① 魏作磊：《服务业将成为新一轮中国经济增长的发动机》，《华南理工大学学报》（社会科学版）2007 年第 2 期。

　　② 张力群：《印度经济增长研究》，东南大学出版社 2009 年版。

由于服务产品的无形性、不可储存性以及生产与消费的同时性等特征决定了服务产品的可贸易性差，通过扩大服务出口对发展中国家来说是不现实的。受这种传统观念的束缚，中国致力于服务业领域国际市场的开拓起步较晚。

3. 受固有思维习惯的影响，缺乏外包运作的发展理念

根据麦肯锡中国软件和服务外包调查（如图6—1），影响国内外包需求产生的最大因素是观念和思维习惯。参与调查的公司认为国内公司不使用外包业务的主要原因有以下几个方面：一是思维习惯；二是知识产权；三是遗留系统；四是不成熟的供应商；五是法律法规；六是其他因素。而在这六项因素中，占受访者百分比最高的是思维习惯，高达51%，其次是知识产权，占比达16%。而其他几项因素分别只占11%、8%、7%、7%。很多IT购买者没有认识到IT外包的价值。在调查中，一位软件外包公司的CEO认为"我们有国内的客户，但是他们倾向于一次性的合作，几乎没有客户认为服务是有价值的产品"。一位规模在5000人以上BPO企业的大中华区市场部主管认为"像很多公司一样，政府购买商不重视服务，因为他们在成本管理中可以得到免费的设施、土地等，他们能看到的成本主要是人力成本。"[1]受这种固有思维习惯的影响，中国内需市场需求释放难度较大，给中国服务外包等现代服务业的发展带来不利影响。

_____

[1]　《中国服务外包发展报告2008》，上海交通大学出版社2009年版。

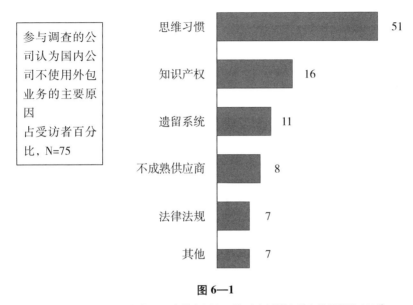

图 6—1

资料来源：麦肯锡 2008 中国软件和服务外包调查，见《中国服务外包发展报告 2008》。

三、中国发展现代服务业的非正式制度构建

目前"已经进入了前所未有的产业链战争年代，政府推动的产业政策格外的重要"。而"政策的转变必然需要率先转换思维"①。

1. 突破服务业生产率上升缓慢的理论束缚，大力发展现代服务业

传统工业化理论认为制造业生产率上升较快。阿伦·杨格指出，分工与专业化是报酬递增的源泉，制造业可以通过产业链延长进行迂回生产来实现更细的分工，每个分工节点上由于高度的

————————

① 郎咸平：《热点的背后》，东方出版社 2009 年版。

专业化更易带来技术进步，并且由于每个环节都实行大规模生产，更容易利用资本代替劳动来提高生产率。赫尔希曼的"联系效应"理论认为，工业部门特别是资本品工业部门对其上下游产业具有更强的波及和带动作用，发展中国家应将稀缺的资本用于工业发展，通过发展工业可以带动其他行业进而整个国民经济的发展。[①]

随着科技进步的突飞猛进和国际分工的日益深化，产业分工早已突破原来的生产环节而向研发、设计、咨询、营销、广告等服务环节发展，与生产环节每个分工节点上可以大规模利用资本不同，服务环节每个分工节点上更多是依靠知识和技术的大规模专业化利用来实现报酬递增。并且产业链上的价值增值空间越来越向产业链两端的服务环节集中，而作为中间环节的加工组装等制造业环节的增值空间日益萎缩，越来越受制于服务业环节。因此，服务业的发展不仅可以促进整个经济生产率的提高，同时也是制造业产品价值实现的关键。20 世纪后期以来，IT 服务突飞猛进的发展直接创造了大量需求，并且以其极强的渗透作用和倍增效应对传统行业的生产、经营和管理方式带来革命性的改变，促进整个经济效率的飞跃，IT 服务业对经济增长的带动溢出效应比以前的制造业有过之而无不及。因此，从生产率提高的角度来看，在新的分工和技术条件下，服务业同样可以作为经济增长

---

① Albert O.Hirschman.*The Strategy of Economic Development*.New Haven，CT：Yale University Press，1958.

的发动机。① 中国大力发展现代服务业要突破服务业生产率上升缓慢的理论束缚，使现代服务业成为中国经济增长的发动机。

2. 突破服务业可贸易性差的理论束缚，积极开拓国际市场

伴随着卫星传播、互联网、电子信息技术等新技术的快速发展，拉近了生产者和消费者的空间距离，使服务产品的生产和消费在不同国家之间实现同时性成为可能，服务业不可贸易的限制正在被打破，服务产品的可贸易性大大增强。如电子商务、电话咨询、卫星直播、软件、知识产品的数字化传播等。随着世界经济一体化趋势的增强，要突破服务业可贸易性差的理论束缚，积极开拓国际市场，促进国际服务外包的发展。

3. 突破传统的思维习惯，树立外包运作的发展理念

外包运作包括接包与发包两个层面，发包是一种主动应对快速变化的国际、国内市场的企业战略安排，通过外包，通过契约手段将资源整合起来，将业务链拉长，发包方可以实现超常规发展，外包运作将产生以小博大的杠杆效应。中国拥有广阔的内需市场优势，在积极承接国际服务外包的同时，也要鼓励成熟的产业对外发包，形成接包与发包的有机统一，才能够促进现代服务行业的快速发展，将生产外包与服务外包有机结合起来，通过国际外包与国内外包的相互促进，对企业管理及产业整合进行革命

---

① 魏作磊：《服务业将成为新一轮中国经济增长的发动机》，《华南理工大学学报》（社会科学版）2007 年第 2 期。

性调整，积极推动中国经济发展。

第三节　知识产权保护制度与中国
国际服务外包发展

一、金融危机前中国知识产权保护强度测算

1. 中国知识产权立法保护强度测算

立法强度的度量指标主要以专利法立法强度为代表，采用 Ginarte-Park 方法进行测度，便于国际间的比较分析。

伴随着知识产权保护国际化的进程，有关知识产权保护对经济增长、社会福利、技术扩散等方面影响的研究成为知识产权领域及经济领域研究的热点问题，为了对知识产权保护制度进行深入研究，部分学者积极探索对知识产权保护制度进行量化分析。最早对知识产权保护水平进行量化分析的是 Rapp 和 Rozek（1990）。

Rapp 和 Rozek 采用的是立法评分法，主要是以专利法代表知识产权制度，把知识产权保护水平划分为 5 个不同的等级，并分别用 0 到 5 之间的整数来定量地表示，0 代表一个国家没有专利法；1 代表不充分保护的法律；2 代表有严重缺点的法律；3 代表法律上有缺失；4 代表总体上还不错的法律；5 代表与美国商会所要求的最低标准完全一致。① 由于 Rapp and Rozek 方法比

①　Rapp Richard, Richard P.Rozek, *Benefits and Costs of Intellectual Property Protection in Developing Countries*, Journal of World Trdde, 1990.

较简单，所以不少文献引用他们的方法。美国政府也引用作为附加证据以支持其对全球知识产权保护的评价。[①] 但是 Rapp-Rozek 方法有两个方面的不足：（1）Rapp-Rozek 方法只评价一个国家是否制定了知识产权保护的相关法律（也称静态指标），而没有考虑法律条款实施的实际效果；（2）用阶跃型整数来表示知识产权保护水平，既有可能把保护水平相差较大的两个国家纳入同一保护等级，也有可能把保护水平相差不大的两个国家纳入两个不同的保护等级。[②]

Ginarte 和 Park 在分析 Rapp-Rozek 方法的基础上，提出了一个更为深入的度量方法，他们把度量知识产权保护水平的指标划分为 5 个类别：（1）保护范围。在这个分类指标中，要测度以下 7 个方面的可专利性：药品、化学品、食品、动植物品种、医疗器械、微生物、实用新型。满足这项得分，专利法中必须规定上述几项可以被授予专利，而且没有明确不授予专利的条款。满足一项得 1/7 分，满足全部 7 项得 1 分。（2）国际条约成员资格。三个主要条约是：1883 年巴黎公约（以及后来的文本）；1970 年专利合作条约（PCT）；1961 年植物新品种保护国际条约（UPOV）。加入所有三个条约的国家得分为 1，只加入一个条约的只得 1/3。巴黎公约为外国提供专利权的国民待遇——即非歧

---

① Wichterman, Dana, *Intellectual Property Rights and Economic Development: An Issue Brief.* Washington DC: Agency for International Development Center for Development Information and Evaluation, 1991.

② 韩玉雄、李怀祖：《关于中国知识产权保护水平的定量分析》，《科学学研究》。

视待遇。PCT 的主要目的是便利简化专利申请程序，它允许在任一成员国专利局提出一个有效专利申请。UPOV 规定了一种类似于专利权的育种者权。（3）保护的丧失。其测评排除因三种情况导致的保护丧失：实施要求；强制许可；专利无效宣告。一个国家排除所有三项记分为 1。实施要求是指对发明或实用新型专利的实施。例如，国家可能会要求专利产品应该被制造，如果该专利是授予给外国人的，该专利产品应该进口入该国。一些国家规定发明必须在一个特定期间内予以实施。强制许可要求专利权人与第三人共同实施发明，这往往限制了专利权人从其发明中获得适当回报的能力。如果专利没有实施，一些国家可以完全宣告专利无效。（4）执行机制。没有适合的执行机制的法律是无效率的。本部分的有关条件是存在：诉前禁令；帮助侵权；举证责任倒置。具备所有三个条件的国家记分为 1。（5）保护期限。专利期限的长短是确保创新活动获得足够回报的重要因素。如果一个国家达到美国商会规定的最小保护期限就记分为 1。最小保护期限为自专利授权之日起 17 年或者自专利申请之日起 20 年。保护期限小于这一最小期限的国家得分等于其与最小期限的比例，超出最小保护期限的记分为 1。①

　　关于中国知识产权立法强度的测算主要是根据 Ginarte 和 Park 的方法，鉴于知识产权对一国经济增长的作用主要在于专

---

① Ginarte, J.C., W.G.Park, *Determinants of patent rights: A cross-nationnal study*. Research Policy, 1997, (26).

利，尤其是中国的各单行知识产权法立法和修改基本是同步的，专利法立法强度随时间的变化与其他知识产权单行法立法强度的变化基本一致。所以主要以专利法立法强度为代表，包括保护范围、国际条约成员资格、排除保护丧失条款、执行机制、保护期限五项指标，每项指标得分加总计算出关于中国知识产权立法保护强度的时间序列数据，基于国际服务外包兴起主要从 20 世纪 90 年代起，时间跨度为 1990 年至 2007 年，主要计算的是金融危机前中国知识产权保护立法强度。计算结果见表 6—1：（详细数据见附表）

表 6—1　中国知识产权保护立法强度（**1990—2007**）

年度	立法强度	年度	立法强度
1990	1.70	1999	3.52
1991	1.70	2000	3.52
1992	1.70	2001	3.86
1993	2.86	2002	3.86
1994	3.19	2003	3.86
1995	3.19	2004	3.86
1996	3.19	2005	3.86
1997	3.19	2006	3.86
1998	3.19	2007	3.86

数据来源：主要参考韩玉雄、李怀祖：《关于中国知识产权保护水平的定量分析》，《科学学研究》2005 年第 6 期；许春明：《知识产权制度与经济增长的机制研究》，同济大学 2008 年博士学位论文的相关数据计算而得，详见附表。

2. 中国知识产权执法保护强度测算

中国知识产权执法保护强度的测算主要借鉴韩玉雄、李怀祖及许春明的方法，采用的测算指标主要包含 5 个方面：一是司法保护水平。主要以律师占总人口的比率进行衡量，在英美等西方发达国家，律师占总人口的比率都超过了千分之一，而其他工业化国家也都超过了万分之五，一般认为，当一个国家的律师人数达到万分之五时，该国司法保护水平已到了较高的水平。当律师占总人口的比率达到或超过万分之五时，律师比率的分值为 1，当律师占总人口的比率小于万分之五时，律师比率的分值等于实际的比率除以万分之五；二是法律体系的完备程度。法律体系越完备，监督制约越强，执法不力等腐败现象就越少。一般而言，立法时间越强，司法、执法实践就越充分，法律体系也就越完备。所以，可以用立法时间来度量一个国家法律体系的完备程度。参照世界各国的立法史，假设一个国家法律体系的完善需要经历 100 年时间，而中国立法的起始点是 1954 年，当立法时间达到或超过 100 年时，立法时间的分值为 1，当立法时间小于100 年时，立法时间的分值等于实际立法时间除以 100。三是经济发展水平。根据马斯洛的需求理论，只有在解决了安全、生存等低层次需求以后，人们才会考虑遵法、守法、诚信等更高境界的需求，Rapp 和 Rozek 的研究表明，一个国家的经济发展水平与该国的知识产权保护水平正相关。很难想象一个温饱问题还没有解决的人会把知识产权放在较高的地位，所以当一个国家处在较低的经济发展水平时，知识产权保护的执法力度也必然是低水平的。用人均 GDP 作为度量一个国家经济发展水平的指标，中等收入国家的人均 GDP 为 2000 美元左右，当人均达到或超过 2000 美元时，人均 GDP 的分值为 1，当人均小于 2000 美元时，人均 GDP 的分值等于实际人均 GDP 除以 2000。四是社会公众意识。只有尊重和保护知识产权的观念深入公众人心，成为人们自觉遵守的行为规范，知识产权保护才能真正落到实处，社会公众的知识产权意识是影响执法强度的重要因素。一般认为，社会的受教育程度越高，知识产权意识越高，因此，可以用成人识字率来度量公众知识产权意识，发达国家的成人识字率均超过 95%。当成人识字率达到或超过 95%，成人识字率分值为 1，当成人识字率小于 95%时，成人识字率的分值为实际的比例除以 95%。五是国际社会的监督制衡机制。知识产权保护不仅是一个国内问题，更是一个国际问题。WTO 将知识产权作为其三大支柱之一，在 WTO 框架下具体而明确地规定了知识产权保护的最低标准及争端解决机制，WTO 成员在享受双边贸易低关税的同时，也必须履行知识产权保护的相关义务。因此，可以用 WTO 成员作为对国际社会监督制衡的度量指标，若一个国家是成员，则 WTO 成员国的分值为 1，否则为 0。但是在事实上，一个国家并非一加入 WTO，其执法强度就会突然出现一个跃变达到完全执法状态，而是在加入 WTO 之前就已不断从弱到强地渐进提高。假设一个国家成为 WTO 成员后，其执法强度逐步达到完全状态。对我国而言，假设自 1986 年复关谈判始至入世后的第五年，中国 WTO 成员国指标均匀的从 0 变化到 1。借鉴 Ginarte—Park 方法，设定以上五个指标对执法强度的权重是相等的，因此，执法强度就等于以上五个指标得分的算术平均值。测度的时间跨度为 1990—2007 年，中国知识产权保护的执法强度计算结果见表 6—2。

表 6—2　中国知识产权保护执法强度（1990—2007）

年度	律师比例	律师比例得分	立法时间	立法时间得分	人均 GDP（美元）	人均 GDP 得分	成人识字率	成人识字率得分	WTO 成员得分	执法强度
1990	0.301	0.060	37	0.37	310.147	0.155	77.00	0.811	0.200	0.319
1991	0.403	0.081	38	0.38	325.146	0.163	79.00	0.832	0.250	0.341
1992	0.504	0.101	39	0.39	356.914	0.178	81.00	0.853	0.300	0.364
1993	0.602	0.120	40	0.40	364.336	0.182	81.50	0.858	0.350	0.382
1994	0.698	0.140	41	0.41	452.650	0.226	80.60	0.848	0.400	0.405
1995	0.748	0.150	42	0.42	578.100	0.289	80.80	0.851	0.450	0.432
1996	0.819	0.164	43	0.43	667.135	0.334	81.50	0.858	0.500	0.457
1997	0.800	0.160	44	0.44	729.620	0.365	82.20	0.865	0.550	0.476
1998	0.811	0.162	45	0.45	761.805	0.381	82.80	0.872	0.600	0.493
1999	0.885	0.177	46	0.46	790.842	0.395	83.50	0.879	0.650	0.512
2000	0.926	0.185	47	0.47	856.027	0.428	84.20	0.886	0.700	0.534
2001	0.960	0.192	48	0.48	956.375	0.478	86.80	0.914	0.750	0.563
2002	1.064	0.213	49	0.49	1158.840	0.529	88.37	0.930	0.800	0.592
2003	1.103	0.221	50	0.50	1269.858	0.635	89.05	0.937	0.850	0.629
2004	1.117	0.223	51	0.51	1486.060	0.743	89.68	0.944	0.900	0.664
2005	1.179	0.236	52	0.52	1720.012	0.860	95.13	1	0.950	0.713
2006	1.254	0.251	53	0.53	2026.147	1.000	—	1	1.000	0.756
2007	1.091	0.218	54	0.54	2484.961	1.000	—	1	1.000	0.752

数据来源：国家统计局网站公布数据及《中国统计年鉴》。其中人均 GDP 根据《世界银行数据库》公布的以美元计算的年度 GDP 除以每年年中人口数计算而得。当成人识字率达到或超过 95%，成人识字率分值为 1，2006、2007 年成人识字率数据缺失，2005 年成人识字率已经达到 95%，根据成人识字率不断上升的基本趋势，2006、2007 年成人识字率得分取值为 1。每项得分加总的算术平均值为每年知识产权执法强度。

3. 中国知识产权保护强度

根据上述结果，我们进一步计算金融危机前中国知识产权保护强度，知识产权保护强度为立法强度与执法强度的乘积。

表 6—3　中国知识产权保护强度（1990—2007）

年度	知识产权保护立法强度	知识产权保护执法强度	知识产权保护强度
1990	1.70	0.319	0.542
1991	1.70	0.341	0.580
1992	1.70	0.364	0.619
1993	2.86	0.382	1.092
1994	3.19	0.405	1.292
1995	3.19	0.432	1.378
1996	3.19	0.457	1.458
1997	3.19	0.476	1.518
1998	3.19	0.493	1.573
1999	3.52	0.512	1.802
2000	3.52	0.534	1.880
2001	3.86	0.563	2.173
2002	3.86	0.592	2.285
2003	3.86	0.629	2.428
2004	3.86	0.664	2.563
2005	3.86	0.713	2.752
2006	3.86	0.756	2.918
2007	3.86	0.752	2.903

数据来源：根据表 6—1、6—2 结果计算而得。

二、中国知识产权保护制度分析

1. 从知识产权立法强度的时间序列数据可以看出，为了更

好地适应改革开放的需要，中国对知识产权保护的相关法律不断
地进行了修改和完善，与此相对应，知识产权立法保护强度呈现
逐步提高的趋势。1984 年 3 月 12 日，第六届全国人民代表大会
常务委员会第四次会议通过《中华人民共和国专利法》，并于
1985 年 4 月 1 日起实行，同年，中国成为《巴黎公约》成员国。
1992 年，中国第一次修订《中华人民共和国专利法》，同年，中
国成为《伯尔尼公约》和《世界版权公约》的成员国。2000
年，中国第二次修订了《中华人民共和国专利法》，并于 2001
年修订了《专利法实施细则》，同年，又修订了《商标法》、《著
作权法》。自 1992 年第一次修订专利法，中国知识产权立法保护
强度呈现逐年上升趋势，由 1992 年的 1.70 上升到 1993 年的
2.86，至 1994 年，则达到 3.19。2001 年第二次修订专利法，中
国知识产权立法保护强度则跃升至 3.86。通过知识产权立法保
护强度的国际比较可以看出，中国至 90 年代中期知识产权立法
保护强度已接近部分发达国家，并超过了大部分发展中国家，至
21 世纪，中国知识产权立法保护强度则基本达到发达国家 90 年
代的水平。(见表 6—4)

表 6—4　部分国家知识产权立法保护强度

	1975	1980	1985	1990	1995	2001—
美　国	3.86	4.19	4.52	4.52	4.86	
日　本	3.61	3.94	3.94	3.94	3.94	
德　国	3.09	3.86	3.71	3.71	3.86	

续表

	1975	1980	1985	1990	1995	2001—
加拿大	2.76	2.76	2.76	2.76	3.14	
新加坡	2.37	2.37	2.57	2.57	3.91	
马来西亚	2.37	2.57	2.90	2.37	2.84	
中　国				1.70	3.19	3.86

数据来源：Ginarte，J.C.，W.G.Park，*Determinants of patent rights*：*A cross-national study*.Research Policy，1997，26：283-301. R. Mahade Vanvijaya，W.G.Park，Patent Rights Index：Update，1999.中国的数据根据上述计算结果。

　　所以，从立法的视角看，中国承接国际服务外包具有良好的法制环境。2008 年，中国服务外包知识产权保护达到一个新的高度。2008 年 6 月 5 日，中国颁布了《国家知识产权战略纲要》，《纲要》的颁布是中国知识产权保护工作中的里程碑，标志着知识产权战略已经成为中国的国家发展战略。（见图 6—2）

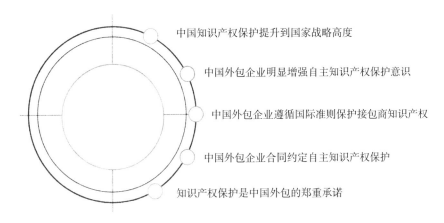

中国知识产权保护提升到国家战略高度

中国外包企业明显增强自主知识产权保护意识

中国外包企业遵循国际准则保护接包商知识产权

中国外包企业合同约定自主知识产权保护

知识产权保护是中国外包的郑重承诺

图 6—2

资料来源：中国服务外包发展报告 2008。

　　知识产权保护是中国承接国际服务外包的重要影响因素，外包行业的知识产权涉及多方博弈，陈昌柏（2009）认为中国要想在世界市场上树立一个强大的外包市场形象，必须从打造规模和控制质量的最开始就把知识产权放到最重要的位置，中国知识产权保护力度并不比美国差，主要是许多外国企业不了解中国知识产权保护的法律体系，许多国内企业也不知道如何实行多方位的知识产权保护。中国知识产权保护不仅仅是依据《专利法》、《商标法》、《著作权法》，还主要依靠《民法》、《合同法》和《刑法》，同时，《保密法》是保护商业秘密和技术秘密的最为有效的手段。中国知识产权保护的法律体系如下表所示：

表6—5　中国知识产权保护的法律体系

中华人民共和国宪法	国防法	《国防法》第三十七条
	民　法	《民法通则》、《对外贸易法》、《合同法》、《物权法》、《保守国家秘密法》等
	刑　法	《刑法》第七节（侵犯知识产权罪）第二百一十九条
	知识产权法	《专利法》《著作权法》《商标法》《反不正当竞争法》等
	科技法	《科学技术进步法》《促进科技成果转化法》等

资料来源：陈昌柏：《知识产权战略》，科学出版社2009年版。

　　如果从立法的视角来看，尽管中国的相关法律和《与贸易有关的知识产权协定》还有一些差距，但是中国知识产权法律体系已相对完备，知识产权保护已上升到国家发展战略，中国知识产权保护方面是相当成功的。如，在德国汉诺威的展览会上，一家意大利的公司认为所有的中国人都侵犯版权，只要不在他们清单上的产品肯定是非法的，之后他们发现犯了一个巨大的错误，实际上华旗公司拥有 400 多个专利，他们后来则希望成为中国公司的代理。所以，中国在知识产权方面的问题主要是"被街头盗版软件游击队破坏了形象"。[①]

2. 从知识产权执法保护强度的数据可以看出，自 20 世纪 90 年代以来，中国知识产权保护立法强度逐步增强，但是由于执法强度不强，使我国知识产权保护强度并没有达到相应的高度。1992 年由于第一次专利法的修订，1993 年中国知识产权立法保护强度升至 2.86，但由于知识产权执法保护强度不强，仅被执行 38.2%，知识产权保护强度仅为 1.092。至 2001 年第二次修订专利法，中国知识产权立法保护强度则跃升至 3.86。也仅被执行 56.3%，知识产权保护强度仅为 2.173。但是，知识产权保护的执法强度也呈现逐步上升的趋势，至 2007 年知识产权保护执法强度已达 80%，知识产权保护强度则上升至 3.088。从立法层面来看，中国承接服务外包的法制环境相对较好，但是从执法层面来看，还需要不断加强。

为保障国家知识产权战略深入实施，国务院最近出台关于《新形势下加强打击侵犯知识产权和制售假冒伪劣商品工作的意见》（国发〔2017〕14 号文件），完善法治化、国际化、便利化的

[①]　陈昌柏：《知识产权战略——知识产权资源在经济增长中的优化配置》，科学出版社 2009 年版。

营商环境，加快建设知识产权强国。这一文件的推出，着力于提升知识产权执法保护强度。打建结合。通过创新监管方式和手段，坚决遏制侵权假冒高发多发势头，提高综合治理能力，努力铲除侵权假冒滋生的土壤。统筹协作。加强对打击侵权假冒工作的统筹协调，密切部门间、区域间协作配合，由区域内、单个环节监管向跨区域、跨部门和全链条监管转变。社会共治。发挥行业组织的行业自律和协调管理作用，鼓励媒体和公众参与监督，充分调动各方面积极性，形成政府、企业、社会组织和公众共同参与的工作局面。同时大力提升国际交流合作水平。其中，着力在三个层面，一是强化中美、中欧、中日等知识产权工作组对话机制。二是加快实施自由贸易区战略，协调推进经贸领域知识产权合作，为企业"走出去"营造更加公平的知识产权保护环境。三是加强与"一带一路"沿线国家和地区的知识产权保护交流合作，优化贸易和投资环境。随着知识产权保护国际化水平的提升，将大大改善中国服务外包产业发展的宏观环境。有助于加快形成发达国家、新兴国家和国内市场"三位一体"的服务外包产业新格局。

第四节　人力资源优势发挥的制度约束与构建

一、中国发展国际服务外包的人力资源优势

1. 人力资源储备总量充沛

人力资源储备总量充沛是中国承接服务外包的重要区位优

势。承接服务外包的人力资源主要是高等教育毕业生。从
2001—2015 年时间序列数据来看（见表 6—6），中国高等教育
毕业生的总量呈现不断上升的趋势，储备丰沛。2015 年中国普
通高校毕业生人数达到 736 万，比 2008 年增加 190 万，每年大
量的毕业生不断补充到中国已经非常丰富的人才储备中。这些高
素质的人力资源储备为服务外包产业发展提供了重要基础。

表 6—6　中国高等教育毕业生情况　　　（单位：万人）

	2000	2001	2002	2003	2004	2005	2006	2007	2008	2015
中国普通高等教育毕业生（专本研）	100	110	141	198	254	325	403	479	546	736
中国成人高等教育毕业生（本专）	88	93	117	159	109	166	81	176	169	236
总　计	188	203	259	358	363	492	484	655	715	972

数据来源：中国教育部年度全国教育事业发展统计公报。

2. 服务外包企业从业人员质量与规模同步提升

2003 年我国普通高校总数为 1683 所，本科学校 679 所，其中
505 所开设有"计算机科学与技术"专业，是全国专业点数之首；
2003 年在校人数 27 万，占理工科在校生总数的 14.6%，也是最多
的。2004 年中国软件专业在校本科生 5.1 万人，软件相关专业在
校本科生 104 万人。2005 年底，中国试办了 35 所软件学院和 35
所软件职业技术学院。《2008 年中国软件与信息服务外包企业发
展调研报告》显示，企业内从事软件与信息服务外包业务的人员
数量 2007 年同比增长 48.8%。服务外包从业人员整体素质也同

步得到了提高。2008 年全国服务外包从业人员为 52.7 万人，其中 43.7 万具备大专及以上学历，占全部从业人员比重为 83%，示范城市服务外包从业人员 43.7 万人，其中 37.3 万人具有大专及以上学历，占全部从业人员比重为 85.4%。详见表 6—7。

表6—7　2008 年中国服务外包从业人员学历结构情况

（人数：万人 比重%）

	专科		本科		硕士		博士		其他	
	人数	比重	人数	比重	人数	比重	人数	比重	人数	比重
全　国	13.0	24.7	25.8	49.0	4.5	8.5	0.4	0.8	9.0	17.1
示范城市	10.7	24.5	22.3	51.0	4.0	9.2	0.3	0.7	6.4	14.6

资料来源：中国服务外包发展报告 2008。

商务部最新数据显示，截至 2016 年底，中国服务外包产业从业人员 856 万人，其中大学（含大专）以上学历 551 万人，占从业人员总数 64.4%。示范城市共有服务外包企业 2.9 万家，从业人员 596 万人。2016 年全年，我国示范城市服务外包执行额增长 16.8%，吸纳就业超过 84 万人。未来还将吸引更多高水平人才进入行业队列。

3. 海外人才储备丰富且回国率逐年上升

中国的海外留学人员为中国国际服务外包的发展提供了重要的人才储备，也是吸引国外企业将外包业务转移到中国来的重要桥梁。从 1998、2003 年金砖四国在国外留学情况来看（见表 6—8），1998 年，中国在 OECD 国家的全部留学生为 86332 人，远远高于同期印度的 39629 人，俄罗斯的 16142 人，巴西的

11965 人。2003 年，中国在 OECD 国家的留学生总数上升为
258281 人，而同期印度、俄罗斯、巴西分别仅为 104973、
28157、17977 人。从国别情况来看，1998 年，中国出国留学人
数最多的是美国，其次为日本、欧盟，三个地区的留学人数分别
为 42031 人、25418 人、10988 人。2003 年，到欧盟留学的人数
超过日本，美、欧、日三个地区的留学人数分别为 92774 人、
68796 人、51656 人，中国在三大市场中逐年上升的留学生人数
为我们提供了重要的人才储备。

表 6—8　BRICS 国家在国外留学的学生（1998 年、2003 年）①

生源国 / 留学地	巴　西	俄罗斯联邦	印　度	中　国	南　非
1998 年					
澳大利亚	91	344	3613	4132	858
日　本	368	240	180	25418	9
美　国	6249	5750	30270	42031	1619
欧盟-19 国	4423	8218	4605	10988	1511
OECD 全部	11965	16142	39629	86332	4101
2003 年					
澳大利亚	445	661	12384	23448	1636
日　本	412	332	240	51656	20
美　国	8388	6238	74603	92774	2095
欧盟-19 国	8425	18892	16070	68796	1885
OECD 全部	17977	28157	104973	258281	5721

资料来源：OECD 教育数据库，2006 年。

---

①　见刘绍坚：《软件外包：技术外溢与能力提升》，人民出版社 2008 年版。

随着留学生回国工作人数逐步上升，有助于进一步推动国际服务外包的发展。据人社部消息，截至 2016 年底，我国留学回国人员总数已达 265.11 万人，其中 2016 年回国 43.25 万人，出国留学完成学业后选择回国发展的留学人员比例由 2012 年的 72.38%增长到 2016 年的 82.23%。专家预测，未来 5 年，中国将迎来"进大于出"的历史拐点，中国将从世界最大人才流出国转变为最主要的人才吸收国，逐步成为国际人才竞争格局中的重要一极。

二、人力资源优势发挥的制度约束

随着中国高等教育的发展，中国具有人力资源供给的优势。但是人力资源优势发挥存在较大的制度约束，使中国目前发展服务外包产业的人力资源优势并没有得到很好的发挥。概括起来，主要有以下几个方面：

1. 中国高等学校现有教学体制重理论轻实践，课程设置与企业需要脱节。从目前培养的学生来看，大部分偏研究型、知识结构单一、职业素质不够高，与服务外包企业应用型、跨行业、高素养的人才要求有出入，新毕业学生必须在企业或培训机构经过较长的岗前专业培训才能就业上岗，增加时间和费用负担。大学和培训机构的课程、教学方法与国外要求不能接轨，培训国际型的服务外包人才能力欠缺，造成大学生很多，但合格的服务外包人才却严重不足，起关键作用的高层次、高技能、复合型人才和领军人才则更加短缺。

2. 语言的教育标准定位重读写轻听说。曲玲年认为其实语言能力并不是阻碍我们离岸业务发展的根本屏障。主要在于我们的外语教育太过于强调读、写，而疏于听、说，准确地讲我们的学生学习的是外文，不是外语。自小学到大学，16 年的外文教育，学生每天用去两小时，到头来仍不会讲外语，一定是我们的教育目标、教材与教学设计的问题。

3. 职业培训比较缺乏。据外商反映，中国工程和计算机专业毕业生理论基础比欧洲学生扎实，但需加强应用理论解决实际问题的能力。一些学生在校学习期间没有注重学术与商业界的联系。而在欧洲和印度工程类学位则需要有工作经验。中国的本科生，数理逻辑基础扎实，技术基础还好，但缺乏真实案例的训练。

4. 激励机制没有得到有效发挥。（1）高端人才严重缺乏使中国服务外包产业人才供给和需求存在结构性矛盾。从目前对服务外包人才的需求结构来看，服务外包专家洪刚认为外包发展所需的重要人才排列为如下 4 个级别：①国际行业的管理领导者（签约大项目）。②高级项目经理（项目管理，签约中、小项目）。③工程师（项目实施）。④IT 工人（项目实施）。不同层次的人力资源组合具有非线性加和（1+1>2）效应。从中国目前人力资源供给来看，在第③、④项我们拥有较大的优势，因为中国受过良好教育的学生很容易被培养为合格的工程师或外包 IT

工人，这是一个非常巨大的工程师/IT 工人资源库。但中国非常缺少高层次的外包人才，国际行业管理领导者和高级项目经理更为稀缺。《2008 年中国软件与信息服务外包企业发展调研报告》显示，中国服务外包企业人员结构呈金字塔形分布。其中，高级管理人员占 4%，项目管理人员占 8%，业务拓展和市场人员、行业专业人员占 17%，专业技术人员和其他人员占 71%。但高端人才很难在短时间内通过一般途径教育培养出来，必须建立有效的激励机制，加大高端人才的吸引力度。

（2）人才流动率高是目前中国服务外包产业发展面临的另一大关键问题。关于中国服务外包企业人才流动率高的原因，据中国软件行业协会的近期统计报告表明，73%的软件人才流动是由于员工的薪金待遇问题所引起的；13%是因为企业的管理体制问题；5%是因为员工的压力过大问题；剩余 9%是员工考虑自身的前途而跳槽的。[①] 有效的激励制度构建是服务外包产业发展中面临的一个重要问题。

人力资源供给的制度约束对中国发展国际服务外包产生了重要影响。在中国大力发展国际服务外包，发展路径出现变化的背景下，如果不存在制度约束，由于服务外包产业适合大学生就业并且薪酬相对较高，则丰富的大学生资源将会不断流入服务外包企业，壮大企业规模，而且，制造业领域的优秀人才也会流向现

---

① 吴胜武等：《从中国制造走向中国服务》，浙江大学出版社 2009 年版。

代服务业领域，中国的人力资源优势得以有效发挥，从而加快中国服务外包产业发展。但是，假如存在制度约束，将会直接影响服务外包产业的规模，因为人才是服务外包产业的核心要素，人才规模直接对应产业规模。国际服务外包市场需求很大，但是很多发包商苦于中国服务外包企业规模太小，不足以支撑他们发包的项目而转发到印度。从表6—9中可以清晰地了解金融危机前中国服务外包企业与印度服务外包企业规模的差距。

表6—9　2007年中印前十名软件企业雇员人数比较

排名	印度软件企业	2007 年雇员数	中国对外软件企业	2007 年雇员数
1	TCS	110000	Neusoft	12000
2	Wipro	79832	Insigma	4000
3	Infosys	88601	HiSoft	>2300
4	Satyam	49200	Dalian	2359
5	HCL Technologies	42000	Chinasoft	4400
6	PatniComputer Systems	14000	Camelot	>1500
7	Hexaware Technologies	7068	Beyondsoft	800
8	L&T Infotech	7000	Worksoft Creative	1000
9	Polaris Software Labs	8500	NEC	850
10	Mindtree	5500	HANNA	800

数据来源：印度数据来自：*Quality of Indian IT Expertise*，*Electronics and Computer Software Export Promotion*（*ESP*）。中国数据来自：*Annual Reports Company Websits*，*China Outsourcing*.根据张力群：《印度经济增长研究》，东南大学出版社 2009 年版，相关数据整理。

而从目前的数据来看，我们与印度服务外包企业在规模上仍然存在较大差距，数据显示，2015 年，我国排名前三的服务外包企业营业额是印度前三大企业营业总额的十三分之一。人力成本方面，北京、上海等地技术人员的薪资远超印度同等技术人员，这些导致中国服务外包企业的国际竞争优势明显下降。目前服务外包产业向创新发展转变，我们在面临新的发展机遇的同时，也要克服众多挑战。

三、人力资源优势发挥的制度构建

目前中国发展国际服务外包一个很重要的方面就是通过制度变迁如教育、培训、激励制度的相应变革，减少劳动力市场摩擦，实现资源的有效转化衔接，加快中国服务外包产业发展。

1. 教育、培训制度。相对于印度由于制度约束造成的不可克服的人力资本供给问题，中国通过相应的制度构建则可以有效实现人力资源供给的转化衔接。制度构建的基本原则主要是有效地实现教育与产业的密切联动，培养服务外包适用性人才。

第一，充分利用国家现有教育体系，提高基础人才的培训质量。逐步探索在高等学校开设服务外包专业；按照国际先进技术和全球化的理念，设置服务外包课程体系和实践教学体系；建立校企人才的互动交流机制，企业派遣具有实战经验的专家到学校兼任教师，高校派遣教师到服务外包企业挂职，加大适用性人才的培养力度，提高高校毕业生的零距离就业能力。

第二，推动有效的实训机制的建立。（1）逐步建立高等学校、培训机构和外包企业"三位一体"的多渠道、多层次、国际化的服务外包人才培训机制。高校、培训机构成为输送适用人才的输出基地，企业成为高校毕业生的实训基地。学校、企业、培训机构三方通过"订单"，明确三方的职责，整合师资、课程、技术、设备等资源，在学校、企业、培训机构教学地点实施教学活动；① （2）推动高校和培训机构与跨国公司合作机制的建立，引进跨国公司先进适用的培训模式，提高培训质量。（3）建立服务外包企业定期选派员工到海外发包公司接受培训的机制，提高员工的业务能力和实战经验。

第三，语言教育的标准定位上应重视对于沟通技能的培训。培养"1+1+1"即"外语+软件+专业"或"技术+文化+语言"的复合型人才。

2. 激励制度。目前国际服务外包发展最重要的是需求具有全球眼光、谙熟国际服务外包运行规则的高端领军人才（企业家人力资本）、项目人才（管理型人力资本）、商务人才（营销型人力资本）和工程人才（研发和技能型人力资本）。有效的激励制度构建是促进服务外包产业发展面临的一个重要问题，激励制度构建应从政府和企业等多个层面展开。②

第一，政府层面。（1）提升服务外包企业家的社会地位，包括经济地位、政治地位和文化地位。特别是让做出突出业绩的

---

① 《中国服务外包发展报告 2008》。

② 孔宪香（2008）在《技术创新体系建设中的人力资本激励制度研究》中（山东大学 2008 年博士学位论文），根据人力资本在技术创新体系中的作用，将人力资本分为企业家人力资本、研发型人力资本、技能型人力资本、管理型人力资本、营销型人力资本，并从政府层面、企业层面、市场层面分别对不同类型的人力资本激励制度的构建进行了研究。这种分类方法对发展国际服务外包人力资本激励制度的构建具有重要借鉴意义。

领军人才参与决策，提升服务外包企业家的政治地位，推动服务外包产业的发展。社会地位的提升是对企业家重要的精神激励，有助于激励企业家不断加强自身的人力资本积累，提升企业家能力。（2）采取有效的财政税收激励政策、金融激励政策激励并扶持高端领军人才进行创业。（3）完善知识产权制度，激励企业家积极研发创新，促进技术先进型服务外包企业的发展。产权制度包括有形资产的产权制度和无形资产的产权制度。无形资产的产权制度主要指专利、著作权等知识产权制度。知识产权制度通过赋予研发创新型企业家以专利权，提高私人收益率，使私人收益率接近社会收益率，从而对服务外包企业家产生激励作用，因为企业家主要是遵照利益最大化原则进行能力配置。（4）建立服务外包企业家研发创新奖励制度。树立研发创新型服务外包企业家的良好形象，激励企业家积极研发创新，逐步从承接低端业务向高端业务转移。（5）加大服务外包企业研发创新经费支持，创造良好的研发创新环境，搭建创新平台。

第二，企业层面。（1）采取股票期权制度对服务外包企业不同层次的人才实行长期激励与约束。股票期权制度是使企业家等不同层次的人才拥有企业剩余索取权的一种产权制度安排。股票期权可以有效抑制各层次人才的短期行为，有效解决委托—代理问题，股票期权激励有助于企业家等努力工作，激励企业家等不断加大研发创新力度，改善企业经营业绩，在增加分红收入的同时，也能提高股票价格，在股票期权制下，股票价格的上升会使企业家等的潜在收益不可预测，产生强大的吸引力，达到长期激励与约束的目的，从而有利于降低企业人才流失率。（2）采取技术持股、技术入股、研发人员和企业共享技术成果产权等形式确认服务外包企业研发人员创造的无形资产，提高创新的私人收益率，激励研发型人才。（3）实行职位晋升制度进行目标激励。通过职位晋升获得较高的工资水平和福利待遇及更多的企业控制权，从而获得较大的成就感，激发自我实现的内在动力。（4）通过培训激励制度激发研发、技能型人力资本在技术创新方面的竞争力，提升企业的技术创新水平，在使企业获得高利润的同时，使研发、技能型人力资本获得更高的报酬。（5）进一步制定落实住房、子女入学、医疗等优惠政策。

3. 引才制度。一是情感激励，二是政策激励。加大力度吸引海外高层次人才进入服务外包领域。发挥他们的语言和专业优势，这是促进服务外包业由低端向高端迈进的有效途径。

从印度来看，对于海外人才的充分利用为班加罗尔带来更多的具有全球视野的高技术人力资本与国际项目管理经验，成为连接与融合外部动力与内生力量的主要桥梁。中国有庞大的留学生群体，不管他们走多远，也不管他们走多久，内心深处永远心系自己的祖国，党和国家历来高度重视广大出国和归国留学人员，毛泽东同志曾在莫斯科深情寄语留学人员说："好像早晨八九点钟的太阳，希望寄托在你们身上。"党的十八大提出了"广开进贤之路，广纳天下英才"的号召，强调要"充分开发利用国内国际人才资源，积极引进和用好海外人才"。目前，中国梦吸引更多的海外留学生回国圆梦，习近平总书记在欧美同学会成立100周年庆祝大会上的讲话振聋发聩。"我们比历史上任何时期都更接近实现中华民族伟大复兴的宏伟目标，我们也比历史上任何时期都更加渴求人才。"近年来，海外高层次人才回国就业创业成为推动各地经济转型升级、新兴产业发展的重要力量，也成为各行业激烈争夺的重要资源。

目前服务外包业正在进入业务创新和价值创造阶段。数据显示，2016年中国信息技术外包、业务流程外包和知识流程外包合同执行金额分别为563.5亿美元、173亿美元和335.6亿美元。KPO同比增速达31.65%，超过同期ITO与BPO的增速，知识产权研究、数据分析与挖掘、医药和生物技术研发与测试等业务超高速增长，产业向价值链高端升级特征更加明显，而升级最大的依托是高水平的就业人才。服务外包公司应通过工资待遇、发展机会、股权激励等措施把吸引人才、激励人才、留住人才作为企业管理的新目标。

第五节　内需市场需求释放的制度创新

一、中国发展国际服务外包的内需市场优势

印度发展国际服务外包起步较早，具有较强的在位优势，相对于印度，中国最大的优势就是拥有广阔的内需市场。从前面的

分析中，我们可以看出，发包国的服务外包政策存在波动，国际市场不确定因素很多，此次金融危机，印度就受到较大影响。所以，中国发展服务外包产业的定位应是有效开拓国际国内两个市场。开拓国际市场，一个重要的意义就是通过跨国公司的示范效应，提升中国服务提供商的能力，促进国内服务外包的发展。另一方面，内需市场需求的释放，将会吸引越来越多的跨国服务外包公司到中国落户，从而促进国际服务外包发展，二者是相互促进的。从图6—3显示的外资设计公司在华设立外包子公司的五大原因中，靠近当地市场是其中最为重要的原因。

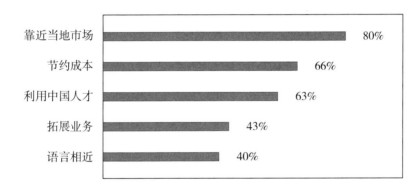

图6—3　外资设计公司在华设立外包子公司的主要原因

资料来源：王晓红：《中国设计：服务外包与竞争力》，人民出版社2008年版，第113页。

而内需市场需求的释放需要观念的转变和制度的创新，内需市场需求释放两个重要层面是政府部门和国有企业。麦肯锡公司认为"中国政府对政府机构拥有财政支配权和直接决策权，对国有企业拥有影响力，有能力推动国内IT需求的快速释放。"但是在目前的考核体系和激励机制下，外部供应商与政府内部的

IT 部门形不成有效的竞争，缺乏外包的动力。需要进行制度创新，努力创造一种竞争的环境，增强外包的动力，才能有效释放内需市场需求。

二、中国发展国际服务外包内需市场释放的制度创新

以政府 IT 业务外包为例，需要在以下几个方面进行制度创新[①]：

1. 完善考核体系，形成合理的激励机制。努力创造一种环境，使潜在的外部供应商与政府内部的 IT 部门在提供 IT 服务方面形成公开公平的竞争机制。

2. 把 IT 外包作为政府信息化建设管理体系中优先选择的业务策略。确立 IT 外包的优先地位，并在制度上给予配合：（1）与部门预算改革相配合，在进行成本比较的基础上，控制自建自管 IT 项目的预算支出，使 IT 外包优先得到预算资金安排；（2）把 IT 外包服务作为政府采购项目，并制定相应的采购程序、采购标准和控制方案，以公开招标等方式进行集中的政府采购，筛选出合格的外包服务商，更大程度地降低成本；（3）对 IT 外包服务商特别是以提供政府 IT 业务外包服务为主的企业给予比较优惠的政策待遇，形成一批比较稳定的外包服务企业，并带动相关产业的发展。

---

① 参考上海市信息化委员会、白柠：《推进政府 IT 外包需要制度创新》，《信息化建设》2007 年 2 月。

3. 建立完善的 IT 外包实施控制管理体系。（1）由财政、信息等管理部门共同研究制定信息资产管理的相应规则，逐渐完善政府机关信息资产的管理体系；（2）建立一套普遍适用的准则，确保外包的 IT 业务的信息安全、知识产权保护；（3）通过备案制等方式，由政府的信息主管部门统一审定所有部门的 IT 外包合同，以达到控制风险的目的。

第六节　自由贸易试验区制度创新与服务外包业发展

一、中国三批自由贸易试验区把服务外包作为重要发展领域

中国自贸试验区是为下一轮扩大开放形成可创造、可复制、可推广的体制机制的试验田。在这个试验田里，服务外包等现代服务业发展是一个重要领域。

上海自由贸易试验区总体方案中提出推动贸易转型升级，并着力推动生物医药、软件信息、管理咨询、数据服务等外包业务发展。广东自由贸易试验区总体方案中指出积极承接服务外包，推进软件研发、工业设计、信息管理等业务发展。福建自由贸易试验区总体方案中把推进动漫创意、信息管理、数据处理、供应链管理、飞机及零部件维修等服务外包业务发展作为拓展新型贸易方式的重要举措。天津自由贸易试验区总体方案指出积极探索

服务贸易发展的新途径和新模式，搭建服务贸易公共服务平台、服务贸易促进平台，发展服务外包业务，建设文化服务贸易基地。辽宁自由贸易试验区总体方案指出，建立离岸贸易制度，发展离岸贸易。推动检测维修、生物医药、软件信息、管理咨询、数据服务、文化创意等服务外包业务发展。河南自由贸易试验区指出拓展新型贸易方式，大力发展服务贸易，推进金融、文化创意、客户服务、供应链管理等服务外包发展。而在区域布局划分中，郑州片区、开封片区、洛阳片区分别把发展服务外包等现代服务业作为今后发展重点。湖北自由贸易试验区指出加快服务贸易创新发展，积极承接信息技术、生物医药研发、管理咨询、工程设计等服务外包业务。陕西自由贸易试验区总体方案指出打造服务外包产业集聚区，培育一批领头企业和国际品牌，提高服务外包产业国际竞争力。重庆自由贸易试验区和四川自由贸易试验区也都把大力发展服务贸易和加快服务贸易创新发展作为重要举措。

从上述我们可以看出，三批自由贸易试验区都着力发展高端服务外包业，为了推动高端服务外包业发展，更重要的是加大制度创新力度，营造推动服务外包业快速发展的制度环境。通过政策调整和转变政府职能释放制度红利和开放红利，并将制度创新推广、扩散。

二、自由贸易试验区的制度探索与中国服务外包发展

自由贸易试验区建设的核心是制度创新，制度探索的逐步成

熟与推广将大大促进高端服务外包业发展。

1. 积极探索与国际贸易投资规则体系相适应的宏观制度环境，将有助于离岸服务外包加速发展。自由贸易试验区的发展目标是要经过几年的改革探索，形成与国际投资贸易通行规则相衔接的制度创新体系，营造法治化、国际化、便利化的营商环境，努力建成投资贸易便利、高端产业聚集、金融服务完善、人文交流深入、监管高效便捷、法治环境规范的高水平高标准自由贸易园区。这对各自贸区发展生物医药、软件研发、工业设计等高端离岸服务外包将提供非常优良的宏观制度环境。

2. 积极开展知识产权综合管理改革试点，加大知识产权保护执法力度，有利于承接高端服务外包业务。自贸试验区目前主要是紧扣创新发展需求，发挥专利、商标、版权等知识产权的引领作用，打通知识产权创造、运用、保护、管理、服务全链条，建立高效的知识产权综合管理体制，构建便民利民的知识产权公共服务体系，探索支撑创新发展的知识产权运行机制，推动形成权界清晰、分工合理、责权一致、运转高效、法治保障的体制机制。搭建便利化的知识产权公共服务平台，设立知识产权服务工作站，大力发展知识产权专业服务业。探索建立自贸试验区跨部门知识产权执法协作机制，完善纠纷调解、援助、仲裁工作机制。探索建立自贸试验区重点产业专利导航制度和重点产业快速协同保护机制。这种制度设计将快速形成高端产业集聚的知识产权保护体系，成功的经验探索及复制推广有利于构建承接高端服务外包的法制环境。

3. 积极实行负面清单管理制度加准入前国民待遇，进一步减少或取消外商投资准入限制，提高开放度和透明度，将有效引进境外资金、先进技术和高端人才，加速高端要素集聚，促进研发、设计等高端服务外包业发展。

第七节　本　章　小　结

本章主要运用第五章构建的理论分析框架，并借鉴印度制度构建促进国际服务外包发展的经验，分析了中国发展国际服务外包的制度约束，并提出了制度构建的建议。一是对中国发展现代服务业的制度约束进行分析并提出相应建议，主要基于理论和观念等非正式制度层面。二是对中国知识产权保护强度进行测算，并对中国知识产权保护制度与国际服务外包发展进行分析。三是对中国发展国际服务外包人力资源优势发挥的制度约束进行分析，并从教育制度和激励制度两个方面提出相应建议。四是从中国内需市场需求释放的制度创新层面提出对策建议。五是自由贸易试验区制度创新及复制、推广将加速中国服务外包业发展。

结　语

　　制度因素是影响国际服务外包发展的关键因素。本书构建了分析国际服务外包发展制度因素的基本框架。从多边贸易规则、发包国的相关制度及接包国的制度因素三个层面展开，较全面、系统地分析了制度因素对国际服务外包发展的影响。

　　在中国大力发展国际服务外包的背景下，本书重点对接包国的制度因素与国际服务外包发展进行理论与经验分析。并引入国内制度因素，运用制度经济学的分析方法对发展国际服务外包进行国内制度变迁的动机、制度变迁的路径及制度选择集合、制度变迁的效应进行分析。本书认为国际服务外包促进接包国经济发展的效应是不确定的，必须伴随国内相关制度的改革和完善。国内制度变迁的动机之一是追逐制度变迁的外部利润。国内制度变迁的动机之二是弱化国内制度壁垒。制度变迁会产生路径依赖，尽管存在更优的策略选择，仍可能锁定在低效率的状态；要摆脱这种低效率的均衡状态，一是政府的政策性介入。二是依靠壮大国内相关利益集团。三是外国利益集团的影响也可以诱使高效率的策略选择成为支配策略向量。本书据此构建理论模型分析集体行动对制度选择的影响，首先运用模型分析贸易自由化促进国内制度变迁的一般机制。其次，进一步分析利益集团的博弈及制度变迁路径选择的动力机制；国内制度变迁选择集合包含许多相关制度，本书主要从四个方面进行分析。一是服务外包的产业特征与发展现代服务业的制度选择。二是服务外包发生的前提与知识产权保护制度优化。三是承接服务外包的核心要素与人力资源供给的制度选择。四是服务外包发展的市场因素与制度选择。国内制度变迁的效应：一是区位优势提升效应，二是资源配置效应。包括国际间的资源配置和国内的资源配置。在此基础上对印度制度构建及国际服务外包发展进行经验分析，提出了中国发展国际服务外包制度构建的对策建议。

但是，本书的研究只是初步性的，许多方面还不够全面、深入。对发展国际服务外包促进中国国内制度变迁只是从发展现代服务业的制度变迁、知识产权保护制度优化、人力资源优势发挥的制度变迁、内需市场需求释放的制度创新、自由贸易试验区制度创新与服务外包业发展五个关键层面展开，还带有片面性，不能反映其全貌。另外，中国国内地区差异较大，各地区如何进行有效的制度构建，发挥地区优势，差异化地发展服务外包产业，还有待于深入研究，这也是该领域今后的研究方向。

		1990	1991	1992	1993	1994	1995	1996	1997	1998	1999	2000	2001	2002	2003	2004	2005	2006	2007
保护范围	实用新型	1	1	1	1	1	1	1	1	1	1	1	1	1	1	1	1	1	1
	药品	0	0	0	1	1	1	1	1	1	1	1	1	1	1	1	1	1	1
	化学制品	0	0	0	1	1	1	1	1	1	1	1	1	1	1	1	1	1	1
	食品	0	0	0	1	1	1	1	1	1	1	1	1	1	1	1	1	1	1
	动植物品种	0	0	0	0	0	0	0	0	0	0	0	0	0	0	0	0	0	0
	微生物	0	0	0	1	1	1	1	1	1	1	1	1	1	1	1	1	1	1
	医疗器械	1	1	1	1	1	1	1	1	1	1	1	1	1	1	1	1	1	1
	得分	2/7	2/7	2/7	6/7	6/7	6/7	6/7	6/7	6/7	6/7	6/7	6/7	6/7	6/7	6/7	6/7	6/7	6/7
国际条约成员资格	巴黎公约	1	1	1	1	1	1	1	1	1	1	1	1	1	1	1	1	1	1
	专利合作条约	0	0	0	0	1	1	1	1	1	1	1	1	1	1	1	1	1	1
	植物新品种保护国际条约	0	0	0	0	0	0	0	0	0	1	1	1	1	1	1	1	1	1
	得分	1/3	1/3	1/3	1/3	2/3	2/3	2/3	2/3	2/3	1	1	1	1	1	1	1	1	1

续表

		1990	1991	1992	1993	1994	1995	1996	1997	1998	1999	2000	2001	2002	2003	2004	2005	2006	2007
排除保护丧失条款	无实施要求	0	0	0	1	1	1	1	1	1	1	1	1	1	1	1	1	1	1
	无强制许可	0	0	0	0	0	0	0	0	0	0	0	0	0	0	0	0	0	0
	无无效宣言	0	0	0	0	0	0	0	0	0	0	0	0	0	0	0	0	0	0
	得　分	0	0	0	1/3	1/3	1/3	1/3	1/3	1/3	1/3	1/3	1/3	1/3	1/3	1/3	1/3	1/3	1/3
执行机制	诉前禁令	0	0	0	0	0	0	0	0	0	0	0	1	1	1	1	1	1	1
	帮助侵权	0	0	0	0	0	0	0	0	0	0	0	0	0	0	0	0	0	0
	举证责任倒置	1	1	1	1	1	1	1	1	1	1	1	1	1	1	1	1	1	1
	得　分	1/3	1/3	1/3	1/3	1/3	1/3	1/3	1/3	1/3	1/3	1/3	2/3	2/3	2/3	2/3	2/3	2/3	2/3
保护期限得分		3/4	3/4	3/4	1	1	1	1	1	1	1	1	1	1	1	1	1	1	1
总　计		1.70	1.70	1.70	2.86	3.19	3.19	3.19	3.19	3.19	3.52	3.52	3.86	3.86	3.86	3.86	3.86	3.86	3.86

参 考 文 献

中文参考文献：

［1］安双宏：《印度落后阶级受高等教育的机会》，《比较教育研究》2002 年第 8 期。

［2］白柠：《推进政府 IT 外包需要制度变迁》，《信息化建设》2007 年第 2 期。

［3］陈昌柏：《知识产权战略——知识产权资源在经济增长中的优化配置》，科学出版社 2009 年版。

［4］陈菲：《服务外包动因机制分析及发展趋势预测——美国服务外包的验证》，《中国工业经济》2005 年第 6 期。

［5］陈宪、程大中：《国际服务贸易：原理、政策、产业》，立信会计出版社 2003 年版。

［6］陈宪、黄建锋：《分工、互动与融合：服务业与制造业关系演进的实证研究》，《中国软科学》2004 年第 10 期。

［7］戴炳然：《制度变迁与结构调整 90 年代以来大国经济发展轨迹》，山西经济出版社 2006 年版。

［8］戴维·怀顿：《从蓝变白：全球外包大趋势?》，《金融时

报》2006 年第 2 期。

[9] 戴永红:《印度软件企业外包发展模式及其对中国的启示》，《南亚研究》2004 年第 2 期。

[10]［美］道格拉斯·C.诺斯:《经济史中的结构与变迁》，上海人民出版社 1994 年版。

[11] 董建龙:《中国软件出口美国面临的挑战、机遇与对策》，《中国科技产业》2005 年第 2 期。

[12] 格鲁伯、沃克：《服务业的增长：原因与影响（中译本)》，上海三联书店 1993 年版。

[13] 郭冰:《中国软件出口欧美暨离岸软件外包产业研究》，天津大学 2005 年硕士学位论文。

[14] 郭根龙:《服务贸易自由化与竞争力》，经济科学出版社 2007 年版。

[15] 国际外包中心、商务部培训中心联合编著:《国际外包理论与战略》，经济管理出版社 2008 年版。

[16] 韩玉雄、李怀祖:《关于中国知识产权保护水平的定量分析》，《科学学研究》2005 年第 6 期。

[17]［英］赫勒·迈因特:《国际贸易与国内制度框架》，《经济社会体制比较》，2002 年。

[18] 黄德春：《国际软件产业发展政策比较》，《经济导刊》2007 年第 12 期。

[19] 江小涓等:《服务全球化与服务外包：现状、趋势及理论分析》，人民出版社 2008 年版。

[20] 荆林波:《质疑外包服务降低成本及引起失业的假说》，《经济研究》2005 年第 1 期。

[21] 荆林波:《关注：发达国家信息技术离岸外包市场》，《中

国经贸导刊》2004 年第 2 期。

　　［22］景瑞琴：《人力资本与国际服务外包》，复旦大学 2007 年博士学位论文。

　　［23］柯武刚、史漫飞：《制度经济学——社会秩序与公共政策（韩朝化译）》，商务印书馆 2000 年版。

　　［24］［美］康芒斯：《制度经济学》上、下，商务印书馆 1997年版。

　　［25］孔宪香：《技术创新体系建设中的人力资本激励制度研究》，山东大学 2008 年博士学位论文。

　　［26］拉胡·森（Rahul Sen）、M·沙伊杜·伊斯兰（M. Shahidul Islam）：《全球外包浪潮中的东南亚：趋势、机遇与挑战》，《东南亚纵横》2005 年第 4 期。

　　［27］郎咸平：《热点的背后》，东方出版社 2009 年版。

　　［28］郎咸平：《产业链阴谋》，东南出版社 2008 年版。

　　［29］缪磊磊、阎小培：《知识经济对传统区位论的挑战》，《经济地理》2002 年第 3 期。

　　［30］林毅夫：《关于制度变迁的经济学理论：诱致性制度变迁与强制性制度变迁》，载科斯、阿尔钦、诺斯等：《财产权利与制度变迁——产权学派与新制度学派译文集》，上海人民出版社 2003年版。

　　［31］林毅夫：《外包与不确定环境的最优资本投资》，《经济学季刊》2004 年第 4 期。

　　［32］刘军梅：《经济全球化与转轨国家的制度变迁》，《世界经济研究》2002 年第 5 期。

　　［33］刘绍坚：《软件外包：技术外溢与能力提升》，人民出版社2008 年版。

［34］李艳芝：《离岸服务外包区位影响因素实证分析与对策》，北京对外经贸大学 2007 年硕士学位论文。

［35］卢锋：《服务外包的经济学分析：产品内分工视角》，北京大学出版社 2007 年版。

［36］卢锋：《我国承接国际服务外包问题研究》，《经济研究》2007 年第 9 期。

［37］刘庆林：《国际服务贸易》，人民邮电出版社 2004 年版。

［38］李云霞、张献：《印度高等教育的发展特色与软件业的崛起》，《河北师范大学学报》（教育科学版）2006 年 5 月第 8 卷第 3 期。

［39］卢现祥主编：《新制度经济学》，武汉大学出版社 2004 年版。

［40］卢现祥、朱巧玲主编：《新制度经济学》，北京大学出版社 2007 年版。

［41］孟保国、苏秦：《软件企业业务外包管理过程研究》，《软科学》2004 年第 3 期。

［42］迈克尔·波特：《竞争优势》，陈小悦译，华夏出版社 1997 年版。

［43］［美］曼瑟尔·奥尔森：《集体行动的逻辑》，上海三联书店 1995 年版。

［44］钱永铭：《服务外包与知识产权保护》，《国际贸易》2008 年第 5 期。

［45］綦建红、李鸿：《中国与印度经济对外直接投资的比较与启示》，《亚太经济》2007 年第 4 期。

［46］［日］青木昌彦、奥野正宽：《经济体制的比较制度分析》，中国发展出版社 1999 年版。

[47] 祁鸣、李建军：《NASSCOM 在印度软件产业发展中的作用》，《中国科技论坛》2007 年第 10 期。

[48] 曲玲年：《全球经济危机、服务外包市场和企业对策》，中国服务外包网。

[49] 盛斌：《中国对外贸易政策的政治经济学分析》，上海人民出版社 2002 年版。

[50] 沈维涛：《印度软件产业起飞的政策因素》，《科学学研究》2001 年第 9 期。

[51] 孙士海、李明：《印度正在成为一支重要经济力量》，《亚非纵横》2004 年第 4 期。

[52] 谭力文、刘林青等：《跨国公司制造和服务外包发展趋势与中国相关政策研究》，人民出版社 2008 年版。

[53] 涂红：《发展中大国的贸易自由化制度变迁与经济发展》，中国财政经济出版社 2006 年版。

[54] 托马斯·弗里德曼：《世界是平的：21 世纪简史》，湖南科学技术出版社 2006 年版。

[55] 王爱虎、钟雨晨：《中国吸引跨国外包的经济环境和政策研究》，《经济研究》2006 年第 5 期。

[56] 王晓红：《中国设计：服务外包与竞争力》，人民出版社 2008 年版。

[57] 汪尧田、李力：《国际服务贸易总论》，上海交通大学出版社 1997 年版。

[58] 汪应洛：《服务外包概论》，西安交通大学出版社 2007 年版。

[59] 温彬：《发展中国家的贸易自由化——游戏规则与中国对策》，中国发展出版社 2000 年版。

［60］魏作磊：《服务业将成为新一轮中国经济增长的发动机——印度的经验对中国的启示》，《华南理工大学学报》（社会科学版）2007 年第 4 期。

［61］文富德：《印度曼·辛格政府坚持谨慎经济改革》，《南亚研究》2007 年第 1 期。

［62］文富德：《印度加速经济特区建设的政策措施及成效研究》，《四川大学学报》（哲学社会科学版）2006 年第 4 期。

［63］吴胜武等：《从中国制造走向中国服务》，浙江大学出版社2009 年版。

［64］熊贤良：《对外贸易、国内市场与大国的经济发展》，南开大学出版社 1995 年版。

［65］许春明：《知识产权制度与经济增长的机制研究》，同济大学 2008 年博士学位论文。

［66］薛求知、宋丽丽：《信息技术服务离岸外包区位选择研究》，《亚太经济》2008 年第 1 期。

［67］许建美：《论影响印度基础教育政策的因素》，《比较教育研究》2005 年第 10 期。

［68］杨光斌：《观念、制度与经济绩效》，《中国学术论坛》2007 年 3 月 12 日。

［69］杨琳、王佳佳：《金融服务外包：国际趋势与中国选择》，人民出版社 2008 年版。

［70］杨瑞龙：《我国制度变迁方式转化的三阶段论》，《经济研究》1998 年第 1 期。

［71］杨圣明：《服务贸易——中国与世界》，民主与建设出版社1999 年版。

［72］杨伟民：《我国服务业滞后的原因》，《经济研究参考》

2004 年第 15 期。

　　［73］［英］伊恩·本、吉尔·珀斯：《外包制胜》，陈瑟译，人民邮电出版社 2004 年版。

　　［74］［美］约翰·黑格尔第三、约翰·斯利·布朗：《领跑未来》，张桦译，商务印书馆 2006 年版。

　　［75］赵新力：《从印度软件产业的发展看中国软件产业化和国际化》，《中国科技产业》2005 年第 2 期。

　　［76］张力群：《印度经济增长研究》，东南大学出版社 2009 年版。

　　［77］张林、刘继生：《信息时代区位论发展的新趋势》，《经济地理》2006 年第 3 期。

　　［78］张讴：《印度文化产业》，外语教学与研究出版社 2007 年版。

　　［79］张淑兰、宋丽萍、林承节：《拉奥政府经济改革的理念》，《南亚研究》2003 年第 1 期。

　　［80］詹晓宁、刑厚媛：《我国承接服务外包的战略思考》，《中国对外贸易》2005 年第 5 期。

　　［81］郑鸿飞、任荣明：《离岸服务外包及中国对策》，《上海管理科学》2005 年第 2 期。

　　［82］《中国服务外包发展报告 2008》，上海交通大学出版社 2009 年版。

　　［83］朱慎敏：《印度近现代高等教育发展的特点及其趋势》，《世界教育信息》2007 年第 10 期。

　　［84］朱晓明等：《服务外包——把握现代服务业发展新机遇》，上海交通大学出版社 2006 年版。

　　［85］陈军亚：《承接国际服务外包的影响因素分析——兼论中

国的承接能力》,《华中师范大学学报》2010 年第 1 期。

[86] 张岩:《后危机时代我国承接国际服务外包的优劣势分析》,《黑龙江对外经贸》2011 年第 2 期。

[87] 姜志美:《我国国际服务外包发展制约因素与对策研究》,《现代商贸工业》2013 年第 10 期。

[88] 叶丹丹等:《中国承接离岸服务外包业务的影响因素分析》,《品牌》2014 年第 12 期。

[89] 裴莹等:《经济政策变化对国际服务外包的影响——从新兴市场经济体的视角》,《云南社会科学》2014 年第 3 期。

[90] 刘丽琴等:《面向国际服务外包的中国区域科技创新能力评价》,《首都经济贸易大学学报》2014 年第 1 期。

[91] 沈开艳、徐琳:《中国上海自由贸易试验区:制度创新与经验研究》,《广东社会科学》2015 年第 3 期。

[92] 李媛等:《"一带一路"契机下中国服务贸易的机遇分析》,《沈阳工业大学学报》(社会科学版) 2015 年第 12 期。

[93] 黄亮、邱枫:《从软件外包到研发服务:班加罗尔的案例研究》,《世界地理研究》2016 年第 3 期。

[94] 范新民:《创新创业教育视域下国际服务外包人才培养路径研究》,《河北北方学院学报》(社会科学版) 2016 年第 4 期。

[95] 李俊英:《发展服务外包产业升级转型的思考》,《现代商业》2016 年第 7 期。

[96] 汪名立:《服务外包转向创新和价值驱动》,《国际商报》2017 年第 3 期。

[97] 刑厚媛等:《2017 年服务外包七大发展趋势》,《国际商报》2017 年第 2 期。

英文参考文献

［1］. Acemoglu, Daron, Johnson, Simon and Robison, James A.. 2001. "*The Colonial Origins Of Comparative Development: An Empirical Investgation*", American Economic Review, Vol. 91 (5), pp. 1369-1401.

［2］ Acemoglu, Daron, Johnson, Simon and Robison, James A.. 2002. "*The Rise of Europe: Atlantic Trade, Institutional Change And Economic Growth*", NBER Working Paper 9378.

［3］ Acemoglu, Daron, Johnson, Simon and Robison, James A.. 2004. "*Institutions As The fundamental Cause of Long-Run Growth*", NBER Working Paper 10481.

［4］ Arvind Panagariya. *India in the 1980s and 1990s: A Triumph of Reforms*.

［5］ Atheye, Suma., 2005, "*The Indian Software and its Evolving Service Capability*", Industrial and Corporate Change, Vol. 14, 2005.

［6］ Bacchetta, Rare Zdenek and Drabek. 2002. "*Effects Of WTO Accession On Policy Making in Sovereign States*", WTO Staff Working Paper.

［7］ BHagwati, Jagdish. 1978. "*Foreign Trade Regimes and Economic Development: Anatony and Consequences of Exchange Control Regimes*", cambridge, MA: Ballinger.

［8］ Chang, Roberto, Kaltani, Linda and Norman, Loayza. 2005. "*Openness Can Be Good For Growth: The Role of Policy Complementaries*", NBER Working Paper 11787.

［9］ Chaswick, Barry R. and Timothy Hatton. 2003. "*International*

Migration And The Intergration Of Labor Markets", In Globalization In History Perspective Edited By Michal D. Bordo, Alan M. Taylor, And Jeffrey G. Williamson.

[10] Dollor, David and Kraay, Aart. 2002. "*Institutions, Trade And Growth*", World Bank.

[11] Dollar, David. 1992. "*Outward—Oriented Developing Economies Really Do Grow More Rapidly: Evidence From 95 Ldcs, 1976−85*", Economic Development And Cultural Change, Vol. 4, NO. 3, pp. 523−544.

[12] Dossni, R., 2005, "*Origins and Growth of the Software Industry in India*", Working Paper of Asia – Pacific Research Center, Stanford University.

[13] Donna Ghelfi, "*The 'Outsourcing Offshore' Conundrum: An Intellectual Property Perspective*", 2005.

[14] Engardio, P., Bernstein, A. m. and Kripalani. F. B., "*Is Your Job Next?*", Business Week, February 3, 2003.

[15] Gereffi, G., "*The Organization of Buyer-Driven Global Commodity Chains: How U. S. Retailers Shape Overseas Production Networks*", in Commodity Chains and Global Capitalism. Ed. By Gary Gereffi and Miguel Korzeniewicz. London: Praeger Press, 1994, 97.

[16] Gereffi, G., "*A Commodity Chains Framework for Analyzing Global Industries*", Mimeo: Duke Universtiy, forthcoming in American Behavioral Scientist, 1999.

[17] Gereffi, G., "*Global Production Systems and Third World Development*", in Stallings, B. (ed) Global Change, Regional Response: The New International Context Development, Cambridge: Cambridge University Press, 1995: 100−142.

[18] Gereffi, G., Humphrey, J. and Sturgeon, T. "*The Governance of Global Value Chains*", Review of International Political Economy, 12 (1), 2005, 78-104.

[19] Government of India, *Ministry of Human Resource Development, Department of Higher Education, Statistics Division*, 2007, *Selected Educational Statistics 2004-2005*, New Delhi.

[20] Greene, W., *Growthin Services Outsourcing to India: Propellant or Drainon the U. S. Economy, working paper of U. S.* International Trade Commission, NO. 2006-01-A.

[21] Grossman, Gene M. and Elhanan Helpman. *Outsourcing in a global economy*. Review of Economic Studies. 2005, 72: 135-139.

[22] Hayes, Ian S. "*Ready or Not: Global Sourcing Is in Your IT Future*", Cutter IT Journal, Vol. 15, No. 11, 2002.

[23] Jacob Funk Kirkegaard, "*Offshoring, Outsourcing, and Production Relocation-Labour-Market Effects in the OECD Countries and Developing Asia*", 2007.

[24] James Gwartney and Robert Lawson. 2004. "*Economic freedom Of The World: 2004 Annual Report*", The Fraster Institute.

[25] Jansen, Marion and H. Nordas. 2004. "*Institutions, Trade Policy and Trade Flows*", Economic Research and Statistics Division, WTO Staff Working Paper ERSD-2004-2.

[26] Jones, R. and Kierzkowski, H., *The Role of Services in Production and International Trade: A Theoretical Framework, in The Political Economy of International Trade*, Basil Inc. pp.31-48, 1990.

[27] Kaplinsky, R., Morris, M. A., *Handbook of Value Chain Research, Prepared for IDRC, 2001*, 8.

[28] Krueger, Anne O.. 1997. "*Trade Policy And Economic Development: How We Learn?*", NBER Working Paper 5896.

[29] Kruger, A. 1978. *Foreign Trade Regimes And Economic Development: Liberalization Attempts And Consequences.* New York: NBER.

[30] Lacity, Willcocks: *Incredible Expectations, Credible Outcomes.* Information Systems Management, 1994 (4): 45-50.

[31] Laura L. Pfannenstein, Ray J. Tsai, "*Offshore Outsourcing: Current and Future Effects on American IT Industry*", from http: //tandy. sbu. tcu. edu/~dpreston/Edev/Assign/Offshore%20 Effects. pdf, 2004.

[32] Mark Minivich, Frank J. Richter, "*Global Outsourcing Report 2005*", Going Global Ventures Inc., 2005.

[33] Mary Amiti, Shang-Jin wei, "*Does Service Offshoring Lead to Job Losses? Evidence from the United States*", 2006.

[34] Normann, R., Ramirez, R., "*From Value Chain to Value Constellation: Designing Interactive Strategy*", Harvard Business Review, 1993, 71 (7/8), 65-77.

[35] NOSSCOM, 2008, "*Strategic Review: 2008*", from: www. nasscom. org.

[36] Offshoring Times, 2007, "*IT Outsourcing: India is slowly getting expensive*", from: http: //www. Offshoringtimes. com/Pages/2006/offshore news565. html.

[37] Quin, J. B., Hilmer, F. G., "*Strategic Outsourcing*", Sloan Management Review, 35 (4), 1994, 43-55.

[38] Rafiq Dossani, "*The Impact of Services Offshoring*", Asia-Pacific Research Center, Stanford University, USA, 2004.

[39] Rapp Richard, Richard P. Rozek, *Benefits and Costs of Intel-*

lectual Property Protection in Developing Countries, Journal of World Trdde, 1990.

[40] Rodriguez, Francisco and Rodric, Dani. 2001. "*Trade Policy And Economic Growth: A Skeptic Guide To The Gross—National Evidence?*", NBER Working Paper 7081.

[41] Rodric, Dani, Subramanian, Arvind and Trebbi, Francesco. 2002. "*Institutions Rule: The Primacy Of Institutions Over Geography And Integration In Economic Development*", NBER Working paper 9305.

[42] Rodric Dani. 1998. "*Where Did All The Growth Go? External Shocks, Social Conflict, And Growth Collapses*", NBER Working Paper 6350.

[43] Rodric, Dani. 1999. "*Where Did All The Growth Go? External Shocks, Social Conflict, And Growth Collapses*", Journal of Economic Growth, Vol (4), pp.385-412.

[44] Rodric, Dani. 2002. "*Institutions, Integration, And Geography: In Search Of The Deep Determinnants Of Economic Growth*", http://www. ksg. harvard.. edu/Rodric.

[45] Rodric, Dani. 2003. "*Growth Stragies*", http://www. ksg. harvard.. edu/Rodric.

[46] Rubina Verma. *The Service Sector Revolutionin India*. Research Paper No. 2008/72.

[47] Suresh D Tendulkar &Binayak Sen. *Market and Economic Growth in South Asia, 1950-1997: An Interpretation.*

[48] Theodore Ling, "*Outsourcing to Canada: Legal and Tax Considerrations*", 2004.

[49] Ulli, A., "*New Dimensions of Outsoursing: A Combination of*

Transaction Cost Economics and The Core Competencies Concept ", European Journal of Purchasing & Supply Management, 6 (1), 2000, 23-29.

[50] UNCTAAD, *World Investment Report 2004, The Shift Towards Services*, 2004.

[51] UNCTAD, *World Investment Report 2004, The Shift Towards Services*, 2004.

[52] Walker, M., and Johan Gott, "*A Global Market For Services: High-lights of A. T. Kearney's Global Services Location Index 2007*", in NASSCOM (2007).

[53] Wendell Jones, "*Offshore Outsourcing: Trends, Pitfalls, and Practices*", Executive Report, Vol. 4, from www. cutter. com, 2003.

[54] Wichterman, Dana, *Intellectual Property Rights and Economic Development: An Issue Brief.* Washington DC: Agency for International Development Center for Development Information and Evaluation, 1991.

[55] Williamson, John, ed.. 1994. *The Political Economiy of Policy Reform*, Washington, DC, Institute for International Economics.

[56] WTO, World Trade Report 2005.

[57] WTO: "*Offshoring Services: Recent Developments and Prospects*", World Trade Report, 2005.

[58] Yum K Kwan, Edwin L—C. Lai, *Intellectual property rights protection and endogenous economic growth*, Joumal of Economic Dynamics & Control, 2003, (27): 853.

[59] HUANG L, QIU F. *From software outsourcing to R&D service: A case study of Bangalore.* World Regional Studies, 2016, 25 (3): 21-29.

后　记

本书是在我博士论文的基础上修改完成的。记得刚刚开始论文写作的时候，曾经满腹惆怅，对论文写作的漫漫长路心中有些许忐忑，因本职工作的干扰和孩子的牵绊，也对结婚生子之后攻读博士的艰辛有颇多感触。

心中有梦，促你坚定地走。攻读经济学博士学位是我青春时的梦想。豆蔻年华，当大姐和二姐分别考入山东大学和山东省中医药大学时，有一份喜悦，也有一份激励。但因为高考发挥失常，我最后进入烟台师范学院历史系，与我的经济学梦想失之交臂。毕业后，进入一所中学教书，曾经用我的梦想与激情极大地激发了孩子们的学习热情，学生们优异的成绩让我倍感欣慰。但是，二姐考研的成功又一次点燃了我心中的梦，经过艰辛的努力，我如愿以偿进入山东大学攻读硕士学位，但仍然无法实现专业的逆转。毕业之后，在山东省委党校研究生管理岗位工作期间，利用业余时间研读了《宏观经济学》、《微观经济学》、《产业经济学》、《经济统计》等经济学书籍，终于在 2006 年考入山东大学攻读经济学博士学位。但梦想实现之时，已经错失最佳学习年龄，学业、工作、家庭、孩子的多重压力，让学习、生活少了一份从容，多了一份焦虑。

导师范爱军教授积极乐观的人生态度深深地影响了我，并在我读博期间给予我精心指导和鼓励。恩师治学严谨、为人宽厚，时时鞭策、激励着我，让我在困难面前坚定信心，增添了战胜困难的勇气，并在选题、开题、论文写作过程中给予我悉心指导，使我提高了理论水平和分析问题的能力。记得博士论文最后写作阶段，我每天晚上都凌晨 2 点睡觉，最后一个晚上通宵到早上 6 点，完成毕业论文的所有细节工作。当我把毕业论文交与导师的时候，范老师欣慰的笑容让我又多了一份自信。当毕业论文校外盲评获全 A 通过，当我顺利通过论文答辩，那一刻，对导师深怀一份深深地感激。没有范爱军教授的精心指导和鼓励，我难以顺利地完成学业，也难以实现心中的梦。在此，对范爱军教授几年来的悉心培养和教育表示衷心的感谢！

圆梦之后，2008 年，我进入省委党校经济学部工作，两年后顺利实现职称晋升。但是，对孩子深深地歉疚让我暂时放慢了事业的脚步。孩子一年级的时候，我全力考博，有时候晚上从办公室回到家，孩子已经睡着，在他最需要妈妈耐心细致引导的时候，我却常常不能在他身边陪伴。当我博士毕业的时候，孩子 5 年级毕业，这期间，老公在外地工作，而我常常因为读博期间的多重压力忽略了孩子教育的许多细节。反思之余，为了不给自己的人生留下遗憾，我开始放慢事业的脚步，把重心转向做一个贤妻良母。为了支持老公全身心的工作，我担负起了孩子父母的双重角色，特别在初三全力备战中考的一年，每天陪孩子近 12 点睡觉，早晨 6 点钟起床做饭，寒冬时每天开车接送孩子，全力补偿了对孩子的一份亏欠。最后儿子终于顺利考入自己心仪的省实验高中学习，如今，又进入大学深造。当儿子告诉我，妈妈，以后我会自己安排好自己的事情。那一刻，我觉得儿子真的长大了，我所有的努力都有了欣慰的结果，又可以全身心地投入工作，追逐自己心中的梦。

2017 年 1 至 7 月，有幸入选山东省政府公派出国项目，赴美国密苏里大学哥伦比亚分校访学。期间，我高度关注国际服务贸易发展现状，查阅了大量资料，对前期的研究也进行了修改完善。非常欣喜地看到中国服务外包的迅速发展，量质并举，各项制度变革稳步推进，服务外包发展的宏观环境显著改善，市场格局也发生质的变化。随着"一带一路"国家战略的深入推进和内需市场规模的持续扩大，中国服务外包正在形成发达国家、新兴市场、内需市场三位一体的新格局。服务外包是中国新一轮扩大开放的重点领域，中国新一轮开放的重点是制度创新，希望此书的出版能在新一轮对外开放中有所裨益。

在著作即将出版之际，特别感谢以常务副校长徐闻为首的新一届校委领导班子，积极推进创新工程项目，为我们做好科研工作提供了更好的平台，让我们有能力也有动力积极拓展研究思路，推出研究成果，将手中的文字变成铅字，让我们的所思所想随着时间的流逝得以升华。还要特别感谢张彦彬处长、孔令海副处长、芦鹏副处长、李娟等在我赴美访学期间给予我极大的支持与帮助。

回首读博期间的艰辛历程，除了对导师的一份深深地感激，我还要衷心感谢孔庆峰教授、刘庆林教授、张宏教授在论文选题和开题过程中，提出了许多有益的建议。臧旭恒教授、于良春教授、张东辉教授在我博士学习期间不辞辛苦，传授知识和研究方法，付出了辛勤的汗水，给了我许多有益的帮助。我还要感谢殷秀玲、乔翠霞、李真等师姐妹，她们在我博士论文写作中给予了我许多关心和帮助。

感谢时任省委党校业教学院张朝谱院长、魏继贵院长、张云汉院长、王宪昭主任，感谢杨珍主任以及李崧、付东顺等同事，他们在我考博和读博期间给予了我无私的帮助和极大的鞭策，助我顺利完成学业。

深深感谢我的父母，在我攻读博士期间承担了所有的家务，让我静心地工作和学习，没有他们给我的有力支撑，我难以实现自己心中的梦。我还要感谢我的丈夫，他有着宽阔的心胸、优秀的品质，在背后默默地支持着我，从精神上、物质上给予我重要保障。最后要深深地感谢我可爱的儿子，在我博士论文写作期间主动安排好自己的学习和生活，让我减少了许多后顾之忧，给了我最大的支持。温馨的家庭是我顺利完成学业的保证和不竭动力的源泉。

　　在本书的写作过程中，我参考了许多国内外专家和学者出版的专著、发表的论文，使我从中受到不少启发和帮助，对于论文的圆满完成发挥了十分重要的作用。对于因工作疏漏，而未能在参考文献或脚注中一一列出的，在此一并表示谢意，并恳请谅解，也真心地希望得到专家、学者们指教、批评和指正，以利于今后研究水平的进一步提高。

孔祥荣

2017 年 10 月 3 日于济南

责任编辑:赵圣涛
封面设计:王欢欢
责任校对:吕 飞

图书在版编目(CIP)数据

国际服务外包的制度因素分析与制度构建研究/孔祥荣 著. —北京：
　人民出版社,2017.10
ISBN 978－7－01－018515－6

Ⅰ.①国…　Ⅱ.①孔…　Ⅲ.①服务业-对外承包-研究　Ⅳ.①F719

中国版本图书馆 CIP 数据核字(2017)第 276705 号

国际服务外包的制度因素分析与制度构建研究
GUOJI FUWU WAIBAO DE ZHIDU YINSU FENXI YU ZHIDU GOUJIAN YANJIU

孔祥荣　著

人民出版社 出版发行
(100706　北京市东城区隆福寺街 99 号)

北京中科印刷有限公司印刷　新华书店经销

2017 年 10 月第 1 版　2017 年 10 月北京第 1 次印刷
开本:710 毫米×1000 毫米 1/16　印张:14.5
字数:230 千字

ISBN 978－7－01－018515－6　定价:49.00 元

邮购地址 100706　北京市东城区隆福寺街 99 号
人民东方图书销售中心　电话 (010)65250042　65289539